首都圏版㊱ 最新入試に対応！ 家庭学習に最適の問題集!!

東京学芸大学附属
小金井小学校

2024年度版 過去問題集

JN126425

2020～2023年度
過去問題を掲載

日本学習図書 ニチガク

ニチガク式学習支援!!

日本学習図書（ニチガク）

ニチガクの家庭学習支援

Web学習サポートサービス

こんなこと…ありませんか？

「ニチガクの問題集…買ったはいいけど、、、
この問題の教え方がわからない（汗）」

メールでお悩み解決します！

☆ ホームページ内の専用フォームで必要事項を入力！

☆ 教え方に困っているニチガクの問題を教えてください！

☆ 確認終了後、具体的な指導方法をメールでご返信！

☆ 全国どこでも！ スマホでも！ ぜひご活用ください！

<質問回答例>

学習のポイント

推理分野の学習では、後の学習に活きる思考力を養うことができます。ご家庭で指導する場合にも、テクニックにたよらず、保護者の方が先に基本的な考え方を理解した上で、お子さまによく考えさせることを大切にして指導してください。

Q.「お子さまによく考えさせることを大切にして指導してください」と学習のポイントにありますが、考える習慣をつけさせるためには、具体的にどのようにしたらいいですか？

A.お子さまが考える時間を持てるように、質問の仕方と、タイミングに工夫をしてみてください。
たとえば、「答えはあっているけど、どうやってその答えを見つけたの」「答えは○○なんだけど、どうしてだと思う？」という感じです。はじめのうちは、「必ず30秒考えてから手を動かす」などのルールを決める方法もおすすめです。

まずは、ホームページへアクセスしてください!!

http://www.nichigaku.jp　日本学習図書　検索

目指せ！合格！

家庭学習ガイド 東京学芸大学附属小金井小学校

ペーパー　巧緻性　運動　行動観察　口頭試問

入試情報

募集人数：男女計 105 名
応募者数：非公表
出題形態：ペーパー、ノンペーパー
面　　接：なし
出題領域：ペーパー（お話の記憶、見る記憶、数量、図形、常識、）、巧緻性、運動、行動観察、口頭試問

入試対策

2023 年度入試では、入学調査が2日間にわたって行われました。課題はペーパー、巧緻性、運動、行動観察、口頭試問が実施されました。
ペーパーテストでは、お話の記憶、見る記憶、数量、図形、常識などが出題されました。基礎的な内容が中心ですが、解答時間が短いため、集中して、速く、正確に解けるよう、理解とスピードの双方を準備して臨むようにしてください。また、グループによって問題が異なっているものもありました。
巧緻性テストでは、手先の器用さとともに、指示をきちんと聞いたり、課題の内容を理解したりする力が観られています。
運動テストは 2022 年度と同じ問題が出題されました。運動の出来不出来だけでなく、指示を理解しているかや、待っている時の態度もチェックされていると考えてよいでしょう。
行動観察テストでは、4、5人のグループで「かるた取り」のようなゲームが実施されました。集団行動では、態度やマナー、コミュニケーション力などが観られています。これらは、短期間で身に付くものではありませんので、ふだんから、ていねいな言葉遣いや行動を心がけ、自然に振る舞えるようにしておきましょう。
口頭試問では、受験者が1名ずつ教員2名が待機するブースに入り、「好きなお花はなんですか、理由を教えてください」「好きな乗り物は何ですか、理由を教えてください」などの質問に答える形式で実施されました。口頭試問の後に、お道具箱に文房具を片付けるという行動観察のような調査も同じブース内で実施されました。

●入学調査は1日目に、ペーパーテスト、制作（巧緻性）、2日目に運動、行動観察、口頭試問の順に行われました。2日間とも約1時間程度ですべての考査が終了しました。

●ペーパーテストでは、スクリーンに問題が映し出され、録音したテープで出題されます。特に難しい問題はありません。ペーパー学習だけを行うのではなく、ふだんの生活を通じて身に付けることができるものも多くあります。日常生活の中で学べることを、見逃さないようにしてください。

●制作（巧緻性）テストは時間内に終えることが必須と考えられますので、素早くできるようにしましょう。終了時間後に手を動かしていた場合、試験官の先生から注意されます。

「東京学芸大学附属小金井小学校」について

＜合格のためのアドバイス＞

当校は、東京学芸大学の４つの附属小学校のうちの１校で、「明るく思いやりのある子」「強くたくましい子」「深く考える子」を教育目標としています。当校の特徴的な行事として、３年生以上の児童が全員参加する、山や海での校外宿泊生活が挙げられます。卒業までに６回、合計２０日間を超えるこの生活は、自然を体験するだけでなく、共同生活を通じて心身を成長させる目的も持っています。

当校の入試の特徴は、調査前の抽選がないため、出願者全員が入学試験を受けられることや、出題傾向に大きな変化がなく、試験対策がとりやすいことなどが挙げられます。今年度の応募者数は非公表でしたが、例年、男女各500名前後の応募者があり、倍率は10倍前後と高水準を維持しています。学習においては、さまざまな問題に対応できるよう、幅広い分野の基礎・基本を反復学習して、学力の土台をしっかりと作った上で、応用問題に取り組んでいくことをおすすめします。

問題の難易度に関しては、基本的な問題を中心とした出題傾向に変化は見られませんでした。しかし、出願者が多く、難易度がそれほど高くない、という状況は、必然的に合格のボーダーラインが上がります。このような状況の場合、どんな点に注意して試験対策をとればいいか、以下に挙げますので参考にしてください。

・正解だけ求めるのではなく、解答の根拠をしっかりと理解する。
・出題頻度の高い問題や類似問題は確実に押さえる。
・最後まで試験に臨めるよう集中力を身につける。
・出題者の話を最後までしっかりと聞いてから取り組む。

なお、2023年度の入試では、試験日程の変更（１日のみ→２日間）があったものの、その内容に大きな変化は見られませんでした。調査時間が短いため、場の雰囲気に慣れること、集中力を切らさないことが重要です。入試当日にお子さまが充分に力を発揮できるよう、普段から自信をつけさせるような声かけを行うようにしてください。

通学に関しては、区域が厳密に指定されており、通学時の安全やマナーの指導は保護者の方に任されています。入学調査の口頭試問においても、学校までの交通手段や時間などを受験者に問われることがあるので、入試当日も公共の交通機関を利用してください。また、お子さまにも学校までの交通経路や交通安全マナーなどについて理解させておきましょう。

〈2023年度選考〉

◆ペーパーテスト
（お話の記憶、見る記憶、数量、図形、常識）
◆巧緻性
（布を折る・紐を結ぶ）
◆運動
（立ち幅跳び）
◆行動観察
（カード取り）
◆口頭試問
（「好きな〇〇は何ですか」、片付け）

◇過去の応募状況

2023年度	非公表	
2022年度	男子658名	女子615名
2021年度	男子541名	女子528名

東京学芸大学附属小金井小学校
過去問題集

〈はじめに〉

現在、少子化が叫ばれているにもかかわらず、私立・国立小学校の入学試験には一定の応募者があります。入試は、ただやみくもに学習するだけでは成果を得ることはできません。志望校の過去における出題傾向を研究・把握した上で、練習を進めていくこと、試験までに志願者の不得意分野を克服していくことが必須条件です。そこで、本問題集は小学校を受験される方々に、志望校の出題傾向をより詳しく知って頂くために、出題頻度の高い問題を結集いたしました。最新のデータを含む精選された過去問題集で実力をお付けください。

また、志望校の選択には弊社発行の「**2024年度版　首都圏・東日本　国立・私立小学校　進学のてびき（５月下中旬刊行予定）**」をぜひ参考になさってください。

〈本書ご使用方法〉

◆出題者は出題前に一度問題を通読し、出題内容などを把握した上で、〈 準 備 〉の欄に表記してあるものを用意してから始めてください。
◆お子さまに絵の頁を渡し、出題者が問題文を読む形式で出題してください。問題を読んだ後で、絵の頁を渡す問題もありますのでご注意ください。
◆「**分野**」は、問題の分野を表しています。弊社の問題集の分野に対応していますので、復習の際の目安にお役立てください。
◆一部の描画や工作、常識等の問題については、解答が省略されているものがあります。お子さまの答えが成り立つか、出題者が各自でご判断ください。
◆〈 時 間 〉につきましては、目安とお考えください。
◆本文右端の［〇年度］は、問題の出題年度です。［2023年度］は、「2022年の秋に行われた2023年度入学志望者向けの考査で出題された問題」になります。
◆**学習のポイント**は、指導の際にご参考にしてください。
◆【**おすすめ問題集**】は各問題の基礎力養成や実力アップにご使用ください。

〈本書ご使用にあたっての注意点〉

◆文中に **この問題の絵は縦に使用してください。** と記載してある問題の絵は縦にしてお使いください。
◆〈 準 備 〉の欄で、クレヨン・クーピーペンと表記してある場合は12色程度のものを、画用紙と表記してある場合は白い画用紙をご用意ください。
◆文中に **この問題の絵はありません。** と記載してある問題には絵の頁がありませんので、ご注意ください。なお、問題の絵の右上にある番号が連番でなくても、中央下の頁番号が連番の場合は落丁ではありません。
下記一覧表の●が付いている問題は絵がありません。

問題１	問題２	問題３	問題４	問題５	問題６	問題７	問題８	問題９	問題10
								●	
問題11	問題12	問題13	問題14	問題15	問題16	問題17	問題18	問題19	問題20
問題21	問題22	問題23	問題24	問題25	問題26	問題27	問題28	問題29	問題30
●									
問題31	問題32	問題33	問題34	問題35	問題36	問題37	問題38	問題39	問題40
								●	●

(得) 先輩ママたちの声！

◆実際に受験をされた方からのアドバイスです。
ぜひ参考にしてください。

東京学芸大学附属小金井小学校

・受付は体育館でコースごとに並びます。寒いので、親子ともに、防寒対策への備えはしっかりしておいた方がよいでしょう。

・待ち時間の態度はしっかり観られているように感じました。

・並んで待っている間、泣いていたり、騒いでいたりするお子さまが数名いました。ふだんとは異なる雰囲気でも緊張させない声かけが必要だと感じました。

・事前案内では、受付開始５分前までにトイレを済ますようになっていましたが、受付後も受付終了５分前まで校内トイレへの誘導がありました。保護者が個室まで同伴するよう指示されたので、同性の保護者の方がいろいろと気にならないかもしれません。

・お話の記憶や推理など、ペーパーテストの対策が重要だと感じました。簡単な問題なので、ミスをしないようにすることが大切です。

・試験時間が短いので、とにかく“終えること”が大切だと思います。

・巧緻性の課題はシンプルなものですが、１回しか説明されず、時間も２分間と短いので、よく聞いて作業することが必要です。説明を聞いていなかったために、上手にできなかったお子さまもいたそうです。

・立ち幅跳びの着地で手をついてしまいましたが、合格をいただけました。

・問題の説明をそれほど親切にしてくれるわけではないので、何度も過去問を解いて練習しておくとよいと思います。

・子どもは、明るく、元気で、自分から挨拶ができ、しっかりと指示を聞けることが大切だと思いました。

・口頭試問の後に、お道具箱に文房具を片づけるという指示がありました。最後の最後まで気を抜かず、丁寧に取り組むことが大切です。

◎学習効果を上げるため、前掲の「家庭学習ガイド」及び「合格のためのアドバイス」をお読みになり、各校が実施する入試の出題傾向を、よく把握した上で問題に取り組んでください。
※冒頭の「本書のご使用方法」「ご使用にあたっての注意点」も併せてご覧ください。

2023年度の最新入試問題

問題1　分野：記憶（お話の記憶）

〈準備〉　鉛筆

〈問題〉　お話を聞いて、後の質問に答えてください。

ある日、ナツコさんは望遠鏡で夜空を観察していました。夜空には綺麗な月と星が浮かんでいました。昨日見た夜空があまりにも綺麗だったので、ナツコさんは月と星を作ろうと思いました。さっそく、材料を持って来ました。まず、白い画用紙をはさみで丸く切りとります。次に、丸く切った紙の縁にのりを塗ります。そして、丸い紙を半分に折ります。最後に折った紙の片面だけ黄色のクレヨンで色を塗ります。きれいな黄色の半月ができました。ナツコさんは満月と三日月も作りたくなりました。そこで、新しい画用紙を２枚用意し、１枚は丸く切りとって、もう１枚は鉛筆で三日月の絵を描き、描いた線に沿って切りとりました。その後は、半月と同じように、黄色のクレヨンで色を塗りました。そして、色を塗った３つの月にうさぎのシールを１枚ずつ貼りました。作った半月と満月と三日月は部屋の壁に飾りました。次に、星を折り紙で作ります。お母さんが星の折り方を知っていたので、２人で一緒に星を折りました。７つの星ができたので、月と一緒に壁に飾りました。ナツコさんの家にも綺麗な夜空が現れました。

（問題１の絵を渡す）
①ナツコさんが最初に使った道具に○をつけてください。
②ナツコさんが２番目に使った道具に○をつけてください。

〈時間〉　各10秒

〈解答〉　①はさみ　②のり

学習のポイント

当校の「お話の記憶」は400字程度の短文で、設問数が少ないのが特徴です。「お話の記憶」の問題を解くには、記憶力は勿論、語彙力、集中力、理解力、想像力の力が必要になります。「お話の記憶」の問題を解く方法として、お話全体をイメージ化し、後から振り返ります。そのためには、お話をしっかりと聴き、記憶しなければなりません。保護者の方は、お子さまに状況を作ってあげるとよいでしょう。例えば、お話を読む前に「今日の朝ご飯は何を食べた？」「朝ご飯を食べた後は何をした？」など、お子さまがしたことを質問します。質問されたお子さまは、朝したことを頭の中で思い出しながら答えます。この質問をしたあと、「今からお話を読むから、今と同じように頭の中にお話を思い描いてみて」と声をかけてからお話を読み始めます。「今と同じように」と言われることで、お子さまは、朝ご飯を思い浮かべたときと同じように頭の中で思い出しながらお話をイメージ化しようとします。この学習は効果が上がりますので、試してください。

【おすすめ問題集】

1話5分の読み聞かせお話集①・②、お話の記憶　初級編・中級編、
Ｊｒ・ウォッチャー12「日常生活」、19「お話の記憶」

問題2　分野：図形（展開図形）

〈準備〉　鉛筆

〈問題〉　左側の四角の中に、模様が描かれた絵があります。左側の絵を組み立ててサイコロを作ったとき、正しいものを右側の絵の中から選んで○をつけてください。

〈時間〉　30秒

〈解答〉　左上

学習のポイント

展開図形の問題では、隣接する面がどれになるのか、その位置関係を正しく把握することがポイントになります。面の位置関係を把握するためには、「立体を切って展開図を作る」という問題とは逆の作業をさせる方法がおすすめです。立体は切り方によって、展開図も変わります。お子さまには、「立体を同じ形の紙ができないように切る。」という条件を与え、試行錯誤させます。展開図は何パターンもできると思いますが、この作業を進めていくと、ある法則に気がつくでしょう。その段階で、保護者の方がお子さまに対し、隣接する面同士がどのようになったかを質問します。このようにすることで、面の位置関係が少しずつ理解できるようになるでしょう。後は、問題量をこなすことで知識の定着が図れます。また、解いた後、実際に問題用紙を切り取り、正しい立体になるか確認する方法もおすすめです。

【おすすめ問題集】

Ｊｒ・ウォッチャー５「回転・展開」

問題3　分野：図形（図形の構成）

〈準 備〉　鉛筆

〈問 題〉　上の段の絵を見てください。このパズルを作るのに使わないものを下の４つの絵の中から選んで○をつけてください。

〈時 間〉　30秒

〈解 答〉　左から２番目

学習のポイント

このような問題の解き方ですが、まず、バラバラになった絵が、元の絵のどの部分のものなのか、位置関係を把握することから始めます。すると、２枚の絵が同じ部分を描いたものだとわかり、選択肢を絞ることができます。選択肢を減らしてから、２枚の絵の相違点を見つけ、その部分について元の絵と比較することで正解がわかります。選択肢を少なくしてから、残されたもので解答を見つけるという解き方は、同図形、異図形、仲間集めの問題を解く際にも有効です。小学校受験の勉強では、同じ思考、アプローチ方法が他分野の問題の解き方にも応用が利くことは珍しくはありません。苦手分野と得意分野の解き方が実は同じとわかれば、苦手意識も一気に下がると思います。

【おすすめ問題集】
Ｊｒ・ウォッチャー３「パズル」、４「同図形探し」、59「欠所補完」

問題4　分野：数量（選んで数える・比較）

〈準 備〉　鉛筆

〈問 題〉　１番上の段の絵を見てください。
①いちばん数の多い動物はどれですか。真ん中の段の動物の顔に○をつけてください。
②いちばん多い動物の数だけ1番下の段のおはじきに○をつけてください。

〈時 間〉　各20秒

〈解 答〉　①ゾウ　②○：４

家庭学習のコツ①　「先輩ママのアドバイス」を読みましょう！

本書冒頭の「先輩ママのアドバイス」には、実際に試験を経験された方の貴重なお話が掲載されています。対策学習への取り組み方だけでなく、試験場の雰囲気や会場での過ごし方、お子さまの健康管理、家庭学習の方法など、さまざまなことがらについてのアドバイスもあります。先輩ママの体験談、アドバイスに学び、ステップアップを図りましょう！

学習のポイント

本問の内容を細かく分けると「それぞれの絵の数を数える」「比較する」「正解を見つける」という作業に分けることができます。この３つの作業の中で、最初の「数を数える」作業で最もミスが発生しやすくなります。原因としては、「重複して数える」「数え忘れ」が挙げられます。これらのミスを防ぐ方法は２つあります。１つは数える順番（方向）を一定にすること。もう１つは数えたものに小さなチェックを入れることです。できれば、この２つの方法を併用すると、重複して数えることや数え忘れは減ります。ただし、後者の方法では、注意点があります。後者の場合、チェックした印を大きくつけてしまうと、解答記号を間違えたと判断される可能性があります。ですから、チェックは小さく端につけるようにしましょう。保護者の方がこのようなことにも意識を向けることで、お子さまの正答率は上がります。

【おすすめ問題集】

Ｊｒ・ウォッチャー15「比較」、37「選んで数える」、38「たし算・ひき算１」

問題５　分野：常識（マナーとルール）

〈準備〉　鉛筆

〈問題〉　絵の中でしてはいけないことをしている人に○をつけてください。

〈時間〉　30秒

〈解答〉　下図参照

学習のポイント

常識問題は、当校の頻出分野です。ここ数年、コロナ禍の生活を余儀なくされたお子さまは、外出や人と交流する機会が減ったと思います。このことは、公共の場での体験活動が少ないことも表しています。今述べたことは実際の入試結果にも表れており、近年、常識問題は入試において差がつきやすい分野の１つとなっています。答え合わせをする前に、問題に描かれてある人、１人ひとりについて、良いのか悪いのかを確認し、悪い場合は、どのようにすればよいのかまで確認することをおすすめします。また、「このような人を見かけたらどうする？」と質問すれば、面接対策にもなりますので、取り入れてみてはいかがでしょう。公共マナーについては、実際にその場に行き、その場で説明することをおすすめします。実際に体験することで、言葉で教わる以上のことを得ることができると思います。例えば、電車に乗る際、乗車マナーを確認したり、降車後は乗車するときに確認したことができたかを話し合うこともおすすめです。このような機会を多くするため、移動の際は自家用車の利用を控え、公共交通機関を利用することをおすすめします。

【おすすめ問題集】
　Ｊｒ・ウォッチャー12「日常生活」、56「マナーとルール」

問題6　分野：記憶（見る記憶）

〈準備〉　鉛筆

〈問題〉　（問題６－１の絵を見せる）
この絵をよく見て覚えてください。
（15秒後、問題６－１の絵を伏せて、問題６－２の絵を渡す）
今見た絵と同じ絵に○をつけてください。

〈時間〉　30秒

〈解答〉　右上

学習のポイント

「見る記憶」の問題を解くには、短時間で絵の内容を把握する観察力と集中力が必要になります。記憶の分野の力を伸ばすには、コツコツと学習量を積み上げていくしか方法はありません。通常、「見る記憶」の問題では、１枚の絵の中にある複数の要素を記憶していきます。そのため、初めに絵の「どこに」「どんなイラストがあるか」という全体を把握して、その後イラストの細部を覚えるようにするとよいでしょう。細部には、形、数、向き、色などが挙げられます。本問では、カップの持ち手の向きやフォークとスプーンの位置が細部にあたります。全体から細部へと段階的に見ていく方法なら、落ち着いて細部を覚えることができます。この問題ができなかったお子さまの場合、難易度を下げて取り組むとよいでしょう。その際、記憶する絵を減らす、記憶時間を延ばす、選択肢を減らす、この３つの方法がありますので、いろいろと織り交ぜて取り組んでみましょう。

【おすすめ問題集】
Ｊｒ・ウォッチャー20「見る記憶・聴く記憶」

問題７　分野：常識（日常生活）

〈準備〉　鉛筆

〈問題〉　４つの絵の中でいちばん大きな声を出しているのは誰でしょう。その絵に○をつけてください。

〈時間〉　15秒

〈解答〉　左上

学習のポイント

やまびこ以外の絵は公共の場です。まず、電車と図書館で大きな声を出せば、他の人の迷惑になることはわかると思います。ですから、この時点でこの２つは解答から除外されます。また、教室での発表の場合、人の距離を考えたら、どれくらいの声量で話せばよいのかはわかると思います。このように考えると、やまびこを経験したことがないお子さまでも、消去法で解答を導き出すことができると思います。問題は正解がわからなくても消去法で解答がわかることをお子さまに教えてあげてください。近年のお子さまの特徴として、わからないと諦めてしまうお子さまが増えています。ですから、正解がわからなくても、消去法があることを知っているだけでも向き合う気持ちが変わると思います。

【おすすめ問題集】
Ｊｒ・ウォッチャー12「日常生活」

問題8　分野：制作（巧緻性）

〈準備〉　ハンカチ、紐

〈問題〉　**この問題は絵を参考にして下さい。**
今からすることをよく見て、その通りに作ってください。（実際の試験ではモニターでの説明）
①ハンカチを半分に折り、さらに横に同じ幅で３つに折ってください。
②折ったハンカチの真ん中を紐でしわができないように蝶々結びをしてください。

〈時間〉　２分

〈解答〉　イラストを参照

学習のポイント

巧緻性を問う問題では、指示された内容を正しく理解し、実行できるかが重要です。「折る」「結ぶ」という２種類の作業のうち、特に蝶々結びは難易度の高い作業になります。正しい蝶々結びを習得するためには、保護者の方が、お子さまの背後に回って、手を伸ばしてお手本を見せてあげるとよいでしょう。向き合った状況でお手本を示しても、お子さまからはすべてが逆の動き（鏡に映った状態と同じ）になり、更に反転させなければなりません。ですから、お子さまが理解しやすいように、同じ方向から作業してみせ、理解度のアップを図りましょう。また、他の注意点として、蝶々結びをしっかりと仕上げようとして、紐をきつく結び、布にしわができてしまう場合があります。「しわができないように」と指示されているので、力加減にも注意しましょう。

【おすすめ問題集】
実践　ゆびさきトレーニング①・②・③、Ｊｒ・ウォッチャー23「切る・貼る・塗る」

問題9　分野：運動

〈準備〉　ビニールテープ、運動用のマット（あらかじめ床に足形を描いておく。足形から90cm、100cm、110cm離れた位置に、川に見立てたテープを貼っておく。）

〈問題〉　**この問題の絵はありません。**
できるだけ遠くにジャンプをして、川を飛び越えましょう。足形が描いてあるところから跳んでください。また、着地したときにお尻と手はつかないようにしてください。

〈時間〉　適宜

〈解答〉　省略

学習のポイント

毎年行われている立ち幅跳びが2023年度も実施されました。マットの外からマットに貼られた３本線を飛び越えるというシンプルな課題です。「指示された位置から跳ぶ」「着地のときにお尻や手をついてはいけない」などの指示がありますが、線を越えられなかったり、着地に失敗したからといって大きなマイナスにはなりません。ここでは、運動能力もさることながら、指示された通りに行動できているか、課題に意欲的に取り組んでいるか、自分以外のお友だちが試験を受けている間も集中力を持続できているかなどが観られています。お子さまの跳ぶ順番によって、緊張や集中力のピークは変わりますが、大切なことは、待ち時間も試験だと意識することです。

【おすすめ問題集】
新運動テスト問題集、Ｊｒ・ウォッチャー28「運動」

問題10　分野：行動観察

〈準　備〉　絵の描いてあるカードを切り離して、かるたのようにテーブルに置く。

〈問　題〉　この問題は絵を切り取ってカードとして使用してください。
４人１組で行います。机の真ん中にカードが置いてあります。先生が３つヒントを出しますので、３つのヒントをすべて聞き終わってから、答えがわかった人はそのカードにタッチして答えてください。正解者はカードがもらえます。カードの上で手が重なった場合は、手が下にある人がカードをもらいます。手が重ならず、カードを取るタイミングが同時だった場合は、ジャンケンをして勝った人がカードをもらいます。

①ヒントを言います。重いです。鼻が長いです。人より大きいです。
②ヒントを言います。昆虫です。空を飛びます。ミーンミーンと鳴きます。
③ヒントを言います。破ることができます。はさみで切れます。折ることができます。

〈時　間〉　適宜

〈解　答〉　①ゾウ　②セミ　③紙

学習のポイント

絵が描かれた20枚くらいのカードの中から、ヒントをもとに、かるた取りの要領でカードを選びます。本問のルールに「３つのヒントをすべて聞き終わってから」という指示が出ているため、ヒントをすべて聞き終える前に正解がわかったとしても、カードを取ることはできません。本問では、カードを取ったかどうかでお子さまの能力を評価しているのではなく、ルールの遵守、ヒントをもとに正解を導き出す思考力、ゲームへの積極性、初めて会うお友だちとのコミュニケーション力などを観ています。他の人と一緒に何かをする際、なかなか自分の思い通りに事は進みません。そのことを理解し、柔軟に対応できるよう対策をしましょう。特に、コロナ禍の生活を余儀なくされていたため、お友だちと協力して何かをするという経験が不足しています。保護者の方はそのことを理解し、対策を取るように心がけてください。

【おすすめ問題集】
Ｊｒ・ウォッチャー29「行動観察」

問題11　分野：数量（一対多の対応）

〈準 備〉　鉛筆

〈問 題〉　上の段に、「お花」と「茎」と「花壇」が描いてあります。絵を組み合わせて、チューリップを作るといくつできるでしょうか。下の段のおはじきにその数だけ○をつけてください。

〈時 間〉　１分

〈解 答〉　○：３

学習のポイント

まず、１セットを作るには何がいくつ必要かを考えます。本問の、チューリップを１セット作るには、「お花」「茎」「花壇」が各１つずつ必要です。セットに必要なものがわかれば、次に、それぞれのパーツがいくつずつあるかを数えます。重複して数えたり、数え忘れがないように、数えたものには小さくチェックの印をつけていくとよいでしょう。お花３つ、茎３つ、花壇が４つあり、花壇がお花と茎より１つ多いため、セットは全部で３つ作ることができます。本問のように、複数の物を組み合わせて１セットを完成させるという作業は日常生活でも実践することができます。例えば、ご飯の支度をする際、お子さまに「家族全員分の食器とご飯を用意するには、何がどれだけ必要かな」と質問します。夕食がカレーとサラダなら、１人に対してカレー１皿、サラダ１皿、カレースプーン１本、サラダ用のフォーク１本が必要です。このように、セットを作るために必要なパーツを考える練習を繰り返すと、パーツからセットを作る逆の流れにも抵抗がなくなります。

【おすすめ問題集】
Ｊｒ・ウォッチャー37「選んで数える」、42「一対多の対応」

問題12　分野：常識（季節）

〈準 備〉　鉛筆

〈問 題〉　季節の順に、正しく並んでいるグループを探して、左側に描いてあるおはじきに○をつけてください。

〈時 間〉　30秒

〈解 答〉　４段目

学習のポイント

知っていなければ正解することができない常識問題です。小学校に入学すれば、数多くの行事を経験します。受験のための知識ではなく、生活の中に生かすことのできる知識でなければ意味はありません。小学校受験はペーパーテストも大切ですが、その学力の土台となる生活学習が重要になります。日常生活の中で学べることは数多くあるので、生活と学習を切り離すのではなく、「生活＝学習」という気持ちで小学校受験に取り組んでいくようにしましょう。

【おすすめ問題集】
　Ｊｒ・ウォッチャー34「季節」

2022年度以前の入試問題

問題13　分野：記憶（お話の記憶）

〈準 備〉　鉛筆

〈問 題〉　お話を聞いて、後の質問に答えてください。

ある秋の日曜日、タヌキくんは、友だちのウサギさんとカメくん、タヌキくんのお母さんといっしょに遊園地へ行きました。遊園地に着くと、タヌキくんは「おばけやしきに行こうよ」とさそいましたが、ウサギさんは「怖いよ」と泣きそうな顔をして、「私は観覧車に乗りたいな」と言いました。カメくんは「ぼくは待ってるよ。おばけやしきが終わったら、ジェットコースターに乗ろうよ！」と言いました。いっしょに行く人がいないので、タヌキくんだけでおばけやしきに入ることにしました。おばけやしきの中には誰もいないので、タヌキくんはちょっと怖かったのですが、勇気を出して進みました。すると「タヌキくん！」と誰かの呼ぶ声がしたのでビックリしました。タヌキくんがゆっくりふりかえるとキツネくんがいました。タヌキくんはほっとして、キツネくんといっしょにおばけやしきを周ることにしました。

（問題13の絵を渡す）
①タヌキくんはおばけやしきの中で誰に会いましたか。選んで○をつけてください。
②ウサギさんは何に乗りたいと言いましたか。選んで○をつけてください。

〈時 間〉　各15秒

〈解 答〉　①右から２番目（キツネ）　②右から２番目（観覧車）

［2022年度出題］

学習のポイント

当校の「お話の記憶」は、400字程度の短文で、設問数が少なく、お話の内容を流れに沿って覚えていれば答えられるものですので、取りこぼしのないようにしましょう。「お話の記憶」には、記憶力はもちろん、お話を最後まで聞くことができる集中力が必要になります。集中力を身に付けるには、お話の後半部分を質問するなどして、お話を最後まで聞くことに慣れる練習をするとよいでしょう。そして、お話を記憶するには、「誰が」「どこで」「何をした」など、お話の流れを頭の中でイメージしながら聞くことが有効です。その際、登場人物ごとに記憶できるかがポイントになります。本問では、動物たちがいっしょに遊園地へ行きましたが、それぞれが「したいこと」や「実際にしたこと」が異なっていますので、混同しないように覚えなければいけません。お話を聞いた後、登場人物ごとに、一連の行動をお子さまに説明させるという練習をふだんからしておくようにしましょう。「お話の記憶」では、複数の指示内容を正しく覚え、理解できるか、ということも観られているのです。

【おすすめ問題集】
１話５分の読み聞かせお話集①・②、お話の記憶 初級編・中級編、
Ｊｒ・ウォッチャー12「日常生活」、19「お話の記憶」

問題14　分野：記憶（見る記憶）

〈準備〉　鉛筆

〈問題〉　（問題14-1の絵を見せる）
この絵をよく見て覚えてください。
（15秒後、問題14-1の絵を伏せて、問題14-2の絵を渡す）
今見た絵と同じ絵に○をつけてください。

〈時間〉　30秒

〈解答〉　右下

［2022年度出題］

学習のポイント

「見る記憶」の問題を解くには、短時間で絵の内容を把握するために、観察力と集中力が必要になります。まずは、電車や動物など、お子さまの好きなジャンルの絵を使って、楽しみながら観察力と集中力を身に付けるとよいでしょう。記憶系の分野はコツコツと学習量を積み上げていくことで、力が向上していきます。問題を解いて力をつける方法もありますが、日常生活の中でゲーム感覚で記憶力を鍛える方法もあります。例えば、ドライブ中、走っている車のナンバーを覚える、その数字を逆から言わせる、という方法です。逆から言うためには、しっかりと記憶していないとできません。この問題は、記憶する絵も少ないため、確実に正解したい問題の１つです。記憶する絵が少ないからこそ、１つひとつをしっかりと覚えておきましょう。

【おすすめ問題集】
Ｊｒ・ウォッチャー20「見る記憶・聴く記憶」

問題15　分野：数量（選んで数える・比較）

〈準備〉　鉛筆

〈問題〉　上の四角の中に、ニワトリとヒヨコがいます。ニワトリとヒヨコの数はいくつ違いますか。違う数だけ下の四角のおはじきに○をつけてください。

〈時間〉　１分

〈解答〉　○：４

［2022年度出題］

家庭学習のコツ②　「家庭学習ガイド」はママの味方！

問題演習を始める前に、試験の概要をまとめた「家庭学習ガイド（本書カラーページに掲載）」を読みましょう。「家庭学習ガイド」には、応募者数や試験課目の詳細のほか、学習を進める上で重要な情報が掲載されています。それらの情報で入試の傾向をつかみ、学習の方針を立ててから、対策学習を始めてください。

学習のポイント

2種類のグループの「数の違い」は「引き算」で出すことができますが、まずはニワトリとヒヨコの絵を選び、同時に数えていくことで「数の違い」を求めてみましょう。まず「数え方」のポイントは、ランダムに並んでいるので、同じ絵を重複して数えたり、数え忘れたりするかもしれません。そのようなミスを避けるために、数える方向を一定にしたり、数えたものに印を付けたりするなど、約束ごとを決めて取り組んでください。なお、問題にはないカラスの絵が入っているため、ものを見分ける観察力や、混同して数えないようにする注意力などが必要になりますので、落ち着いて「数を数える」練習を繰り返し、慣れるようにしてください。そして、「数の違い（差）」を出す方法は、例えば、右手でニワトリを、左手でヒヨコを一つずつ指さしながら同時に数えていきます。どちらか先に数え終わった後、改めて残った方の数を１から数えはじめます。最後の数が「数の違い（差）」になります。ご家庭では、おはじきなど具体物を使って、２種類以上のグループの「数の違い」を目で見ながら覚えていくことをおすすめします。

【おすすめ問題集】
Ｊｒ・ウォッチャー15「比較」、37「選んで数える」、38「たし算・ひき算１」

問題16　分野：推理（系列）

〈準備〉　鉛筆

〈問題〉　野菜が決まった順番に並んでいます。○印と×印に入る野菜はなんですか？
上部の「お約束」の４つの野菜のうち、○印に入る野菜の上に○を、×印に入る野菜の上に×を書いてください。

〈時間〉　20秒

〈解答〉　○：左から２番目（ニンジン）、×：右から２番目（トマト）

［2022年度出題］

学習のポイント

「系列」とは、絵や図形などが決まった「お約束（パターン）」通りに並んでいることです。本問では、上部に示された「お約束」の一番はじめの野菜が、下の問題のどこにあるかを見つけることが大切です。見つけた後は、「お約束」と設問のマスに指を当てながら、いっしょに同じ方向に動かしていきます。○や×のマスの野菜になった時に、指していた「お約束」の野菜が答えになります。当校の「系列」の問題は比較的、易しいです。ただ、試験までには指を使わずに頭の中で「お約束」通りに進められるように繰り返し練習してください。また、ご家庭で「系列」の問題を学習する際に注意したいのが、「お約束」を声に出しながら解かないことです。当然ながら、試験中に声を出すと試験官に注意されるだけでなく、お友だちに迷惑をかけたとチェックされてしまうかもしれません。この問題には限りませんが、試験では緊張するあまり、自分では気づかない行動をしてしまう可能性がありますから、ふだんから頭の中で静かに問題を解く習慣を身に付けるようにしてください。

【おすすめ問題集】
Ｊｒ・ウォッチャー６「系列」

問題17　分野：推理（四方からの観察・対称）

〈準備〉　鉛筆

〈問題〉　左側の絵を見てください。キンギョの入った水槽を男の子と女の子が見ています。女の子から見た水槽の絵を右側の４つの水槽から選んで○をつけてください。

〈時間〉　30秒

〈解答〉　左下

［2022年度出題］

学習のポイント

「四方からの観察」は、実際に見ることで場所によって、ものの見え方が違うということを認識することが大切です。そのため、テーブルの上にものを置き、自分自身が四方に回って、見え方の変化を実際に体験する学習がおすすめです。本問では、水槽を反対側から見た場合ですので、「対称」の知識も必要になりますから、難易度の高い問題となります。「対称」とは、スタンプを押すとスタンプの跡が、鏡を見ると鏡に映ったものが左右逆になる理論で、「左にあるものは右に」「右にあるものは左」になります。本問では、正面から見たときに左側にいるキンギョが、水槽の反対側から見ると右側にいることになります。これは未就学児にとっては、実際に水槽の正面と反対側から見る経験をして、感覚的に身に付けるしかありません。「ものは見る角度により、見え方が異なる」という不思議な現象をさまざまな場所で体験し、驚いたり、楽しんだりしながら覚えていくと、記憶として残りやすいでしょう。

【おすすめ問題集】
Ｊｒ・ウォッチャー10「四方からの観察」

問題18　分野：推理（数量・日常生活）

〈準備〉　鉛筆

〈問題〉　ウサギさんとリスさんがジャンケンをしました。それぞれが出したジャンケンを記録した表があります。どちらがどれだけ多く勝ちましたか？

①多く勝った動物の顔に○をつけてください。
②①の動物はどれだけ多く勝ちましたか。多く勝った数だけ、おはじきに○をつけてください。

〈時間〉　各30秒

〈解答〉　①ウサギ　②○：1

［2022年度出題］

学習のポイント

本問は「数量」の中の「選んで数える」という問題です。解き方としては、それぞれが勝った数を数え、数を比較して、勝った数の違いを出す、という順番です。数える問題では、「数（かず）」が言えるのと同時に、「１」がどれくらいの量なのか、「10」がどれくらいの量なのかなど、「数の概念」を理解していることが大切ですので、おはじきやアメ玉など、具体的なものを使って、数える練習をくり返しましょう。また、もう１点、本問のような問題で注意したいことは、仮に「負けていない数は？」という質問が出ていた場合、戸惑ってしまうお子さまがいるかもしれません。「負けていない数」とは、「勝ち」と「あいこ（引き分け）」の数を合計しなければなりませんので、最後まで言葉を聞いて理解し、状況に応じて的確な判断をする対応力も身に付けておきましょう。とはいえ、ジャンケンはお子さまにとって、なじみがあり、楽しく答えられる問題だと思います。ふだんの日常生活や遊びの時間からも、さまざまなことを学んでいきましょう。

【おすすめ問題集】
Ｊｒ・ウォッチャー12「日常生活」、14「数える」、31「推理思考」

問題19　分野：常識（マナーとルール）

〈準 備〉　鉛筆

〈問 題〉　絵の中でしてはいけないことをしている子に○をつけてください。

〈時 間〉　30秒

〈解 答〉　下図参照

［2022年度出題］

家庭学習のコツ③　効果的な学習方法～問題集を通読する

過去問題集を始めるにあたり、いきなり問題に取り組んではいませんか？　それでは本書を有効活用しているとは言えません。まず、保護者の方が、すべてを一通り読み、当校の傾向、ポイント、問題のアドバイスを頭に入れてください。そうすることにより、保護者の方の指導力がアップします。また、日常生活のさまざまなことから、保護者の方自身が「作問」することができるようになっていきます。

学習のポイント

場所はスーパーマーケットですので、「走っている子」「通路で飲み食いをしている子」「カートを蹴っている子」が悪い子です。当校では、例年、「悪い行為」は何かを問う常識・マナーの問題が出題されています。そのため、当校を受験する際には必須の学習分野なのですが、近年、こうした常識・マナーの問題は、試験で差が付きやすい分野の一つとなってきています。それは、昨今のコロナ禍により、外出して、人と交流する機会が以前よりも減っているため、公共の場や人前にいる場合、どんな行動をするのがよいのか、また、悪いのか、判断できないお子さまが増えてきている、と思われるからです。常識やマナーは体験して身に付けるものですが、保護者の方自身も、人との交流の機会が減ってしまい、きちんとお子さまに指導できなくなっている方もいるでしょう。常識・マナーの問題はお子さまを通して、保護者の方の常識やマナーを観ているとも言えます。厳しいことではありますが、本問の正誤からは、お子さまの問題ではなく、保護者の方がお子さまをきちんと躾できているか否かがわかります。国立とはいえ、学校側が保護者の方々を観ていることを忘れないでいてください。

【おすすめ問題集】
Ｊｒ・ウォッチャー12「日常生活」、56「マナーとルール」

問題20　分野：制作（巧緻性）

〈準　備〉　折り紙

〈問　題〉　この問題は絵を参考にしてください。
今から見本を見せるので、その通りに作ってください。
（実際の試験ではモニターでの説明）
①折り紙を半分に折ってください（３回繰り返す）。
②折り紙を開き、端を少し残して、折った線に沿って交互にちぎってください。

〈時　間〉　２分

〈解　答〉　省略

[2022年度出題]

学習のポイント

2021年度と同じ問題が出題されました。作業自体は「折る」「ちぎる」という単純なものですが、時間内に終わらなかったというお子さまも多かったようです。細く折った線に沿ってちぎるという、作業の細かさと量の多さも時間がかかった要因ではあると思いますが、端を少し残してちぎるということをしっかり理解できずに探り探り作業を行ったことが大きな要因になっていると考えられます。モニターを使って説明はされていましたが、完成形をイメージしにくかった分、慎重になってしまったのではないでしょうか。本問もグループによって内容が異なっており、のれん状に折り紙をちぎるという課題もあったようです。

【おすすめ問題集】
実践 ゆびさきトレーニング①・②・③、Ｊｒ・ウォッチャー23「切る・貼る・塗る」

問題21　分野：運動

〈準 備〉　ビニールテープ、運動用のマット（川に見立てたテープを３本貼っておく）

〈問 題〉　この問題の絵はありません。
できるだけ遠くにジャンプして、川を飛び越えましょう。足跡が描いてあるところから跳んでください。また、着地した時にお尻と手はつかないようにしてください。

〈時 間〉　適宜

〈解 答〉　省略

［2022年度出題］

学習のポイント

毎年行われている立ち幅跳びが2022年度も実施されました。マットの外からマットに書かれた３本線を飛び越えるというシンプルな課題です。「指示された位置（足型が描いてある）から跳ぶ」「着地の時に手やお尻をついてはいけない」などの指示がありますが、線を越えられなかったり、着地に失敗したからといって大きなマイナスになるわけではありません（実際に着地の時に手をついても合格したという話もありました）。こうしたことから、結果によって評価をしているわけではないと考えてよいでしょう。ただ、「指示された位置から跳ぶ」ことはルールなので、その点はしっかりと守るように指導してください。

【おすすめ問題集】
新運動テスト問題集、Ｊｒ・ウォッチャー28「運動」

問題22　分野：行動観察

〈準 備〉　絵の描いてあるカード

〈問 題〉　4人１組で行います。机の真ん中にカードが置いてあります。先生が３つヒントを出しますので、答えがわかった人はカードにタッチして答えてください。同時の場合はジャンケンをしてください。正解者はカードがもらえます。

①ヒントを言います。丸いです。甘いです。穴が空いています。
②ヒントを言います。乗り物です。大きいです。空を飛びます。
③ヒントを言います。首が長いです。体に模様が入っています。
　動物園にいます。

〈時 間〉　適宜

〈解 答〉　①下段の左から３番目（ドーナツ）　②上段の左端（飛行機）
③上段の右から３番目（キリン）

［2022年度出題］

学習のポイント

ヒントをもとに、絵の描かれた20枚位のカードの中から正しいカードを選びます。「行動観察」の問題ですが、本問は、かるたのようなゲームですので、お子さまは、軽い気持ちで楽しく臨む方がよいと思われます。緊張感が高まりすぎると動作がぎこちなくなってしまい、思うような対応がとれないお子さまもいます。試験の時に自分らしさを発揮できずに終わってしまうのはとても残念です。とはいえ、緊張感がなく、自分本位にふるまうと、場の雰囲気を壊してしまう恐れがありますので、ほどよい緊張感で臨めるよう普段から指導してあげてください。本問では、カードを取ったかどうかで、お子さまの能力を評価しているのではありません。「行動観察」で観ているのは、ルールの理解度や、ヒントを発展させる想像力、ゲームへの積極性や、はじめて会う友だちとのコミュニケーション力など、お子さまが入学後、円滑に学校生活を行えるかどうかです。日ごろの生活体験が重要になりますが、試験を意識して、正しい行動をするのはなく、あくまで自然に身に付けられるようにしたいものです。

【おすすめ問題集】
Ｊｒ・ウォッチャー29「行動観察」

問題23　分野：記憶（お話の記憶）

〈準備〉　鉛筆

〈問題〉　お話を聞いて、後の質問に答えてください。

ネコさんとイヌさんが積み木で遊んでいました。そこにウサギさんがやってきました。ウサギさんはみんなと積み木遊びがしたかったので、「仲間に入れて」と言いましたが、ネコさんは「ダメ」と言って仲間に入れてくれませんでした。ウサギさんはしょんぼりして、お家に帰ってしまいました。それを見ていたイヌさんは「ウサギさんもいっしょに遊ぼうよ」と言いました。

（問題23の絵を渡す）
仲間に入れてもらえなかった時のウサギさんはどんな顔をしていたでしょうか。選んで○をつけてください。

〈時間〉　15秒

〈解答〉　右から２番目（悲しい顔）

[2021年度出題]

学習のポイント

例年出題されている、短いお話を聞いて１～２問の質問に答えるという問題です。2021年度の入試では、グループによって本問とは異なる、公園で出会った虫を答えるという内容もありました。どちらにしてもお話の記憶としては、ごく基本的な内容なので、確実に正解しておかなければいけない問題と言えます。また、本問の正解を悲しい顔としていますが、泣き顔を選んだお子さまもいるでしょう。間違いではないかもしれませんが、「自分の思い通りにいかないとすぐ泣く」というのでは少し幼さを感じてしまいます。実際にこうした状況になった時にどう対応すればよいのかということをお子さまに問いかけてみてください。試験問題ではなく、自分のこととして考えることで、正解に近づくことができるようになるでしょう。

【おすすめ問題集】
１話５分の読み聞かせお話集①・②、お話の記憶 初級編・中級編、
Ｊｒ・ウォッチャー12「日常生活」、19「お話の記憶」

問題24　分野：記憶（見る記憶）

〈準備〉　鉛筆

〈問題〉　（問題24-１の絵を見せる）
この絵をよく見て覚えてください。
（15秒後、問題24-１の絵を伏せて、問題24-２の絵を渡す）
今見た絵と同じ絵に○をつけてください。

〈時間〉　30秒

〈解答〉　左下

［2021年度出題］

学習のポイント

最近の小学校入試ではそれほど見られなくなった「見る記憶」ですが、当校では頻出の問題なので、しっかりと対策しておきましょう。それほど複雑な絵ではありませんが、選択肢がちょっとした違いだったりするので、惑わされないようにしないといけません。最初の絵を覚えるということが大前提になりますが、その捉え方はお子さまによって違います。１枚の写真のように全体を覚えるお子さまもいれば、それぞれの絵ごとに覚えるお子さまもいます。まれに、絵を言葉に変換して覚えるお子さまもいます。お子さまが苦手に感じているようでしたら、どんな覚え方をしているのかを聞いてみてください。そして、それとは違った取り組み方をお子さまにアドバイスしてあげるとよいでしょう。

【おすすめ問題集】
Ｊｒ・ウォッチャー20「見る記憶・聴く記憶」

問題25　分野：言語（しりとり）

〈準 備〉　鉛筆

〈問 題〉　上に並んでいる絵で左から順番にしりとりをする時に「？」に入るものを下から選んで線で結んでください。

〈時 間〉　30秒

〈解 答〉　下図参照

［2021年度出題］

学習のポイント

しりとりの基本とも言えるような絵（言葉）が並んでいるので、もし本問ができないようであれば、語彙がかなり足りないと言えます。小学校受験の「言語」の問題は、ペーパーで学ばなければいけないものではありません。むしろ日常生活の中で学んだ方が、言葉がしっかりと身に付くようになります。しりとりなどは、いつでもどこでもできるものです。保護者の方が積極的に働きかけ、さまざまな言葉に触れられる環境を作ってあげてください。ただ、問題自体は簡単ですが、線で結ぶという解答方法には注意してください。最後まで問題を聞かず、○をつけてしまったりしては、わかっていても不正解です。そうしたケアレスミスが、合否を分けることにもつながりかねないので気を付けましょう。

【おすすめ問題集】
Ｊｒ・ウォッチャー18「いろいろな言葉」、49「しりとり」

問題26　分野：図形（回転図形）

〈準 備〉　鉛筆

〈問 題〉　左端の絵を右に１回まわした時の絵を右から選んで○をつけてください。

〈時 間〉　40秒

〈解 答〉　上段：右から２番目　下段：左から２番目

［2021年度出題］

学習のポイント

回転図形ではありますが、図形ではなく絵なので少し勝手が違うように感じてしまうかもしれません。本問を同図形探しとしてとらえても正解することができます。便宜的に回転図形や同図形探しといった言葉を使って解説をしていますが、小学校受験において、そうした分野分けに大きな意味はなく、「回転図形はこう解かなくてはいけない」といったルールもありません。お子さまの理解しやすい方法で正解にたどり着けばよいのです。保護者の方は、正解や解き方を教え込むのではなく、お子さまが自分で考えたやり方を大事にして、迷ったり悩んだりした時に正しい方向に導いてあげられる存在でいてください。

【おすすめ問題集】
Ｊｒ・ウォッチャー４「同図形探し」、46「回転図形」

問題27　分野：推理（四方からの観察）

〈準備〉　鉛筆

〈問題〉　やかんが右上の四角の絵のように見えている動物に○をつけてください。

〈時間〉　30秒

〈解答〉　ゾウ

［2021年度出題］

学習のポイント

四方からの観察で問われているのは、「ほかのところからはどのように見えるのか」を想像できるかということです。こうした感覚は、ペーパー学習だけで身に付けられるものではありません。さまざまな角度からものを見るという経験を積み重ねていくことでしか身に付けることができないといえるでしょう。実際に、ものを前後左右から見ることで感覚が培われ、想像できるようになるのです。小学校受験では、実際に見たり、手を動かしたりすることが学習の基礎になります。入試がペーパーテストだからといって、ペーパー学習だけすればよいというものではありません。保護者の方は「体験」が小学校受験の基本ということをしっかりと覚えておいてください。

【おすすめ問題集】
Ｊｒ・ウォッチャー10「四方からの観察」

問題28　分野：記憶（見る記憶）

〈準備〉　鉛筆

〈問題〉　（問題28－１の絵を見せる）
この絵をよく見て覚えてください。
（15秒後、問題28－１の絵を伏せて、問題28－２の絵を渡す）
今見た絵と同じ絵に○をつけてください。

〈時間〉　30秒

〈解答〉　左下

［2021年度出題］

学習のポイント

絵の記憶には、本問のような同じ絵がどれかを選ぶ問題や、絵の中にあったものや数を答える問題などがあります。必要な力は観察力と集中力です。基本的には、よく見て記憶するという方法でしか正解できないので、苦手なお子さまにとっては克服するのに時間のかかる分野になります。絵本などを一瞬見せて、何が描いてあったかを答えさせたり、間違い探しなどをしたりと、遊びやゲームをするような感覚で、絵を覚えるという機会を増やすようにしましょう。入試間際になって、慌てて対策してもあまり効果はありません。見る記憶が出題される学校を受験する場合は、早めに対策学習に取り組むことを心がけてください。

【おすすめ問題集】
Ｊｒ・ウォッチャー20「見る記憶・聴く記憶」

問題29　分野：数量（選んで数える・比較）

〈準備〉　鉛筆

〈問題〉　上の四角にいる虫の中で１番少ないものはどれでしょうか。その数だけ下の四角のおはじきに○をつけてください。

〈時間〉　１分

〈解答〉　○：４

［2021年度出題］

学習のポイント

単純な「数量」の問題にも思えますが、例年少しひねりが加わっています。シンプルな出題だと、「１番少ないものに○をつけてください」となりますが、本問では「１番少ないものはどれでしょうか」では終わらず、「その数だけ下の四角のおはじきに○をつけてください」と続きます。細かく分けると、「それぞれの絵の数を覚える」「比較する」「１番少ない数の分のおはじきに○をつける」という作業に分けることができます。お子さまが、このような問題を苦手にしているのであれば、どこで間違えているのかを保護者の方がしっかりと見極めてください。どこつまずいているのかがわかれば、苦手を克服しやすくなります。

【おすすめ問題集】
Ｊｒ・ウォッチャー15「比較」、37「選んで数える」

問題30　分野：常識（マナーとルール）

〈準 備〉　鉛筆

〈問 題〉　絵の中でしてはいけないことをしている人に○をつけてください。

〈時 間〉　30秒

〈解 答〉　下図参照

［2021年度出題］

学習のポイント

「電車内で通話をする」「靴を履いたまま椅子に上がる」「電車内でものを食べる」というのは、よく見かける光景ではあります。よく見かけるだけに、それがいけないことだと理解していないお子さまもいるでしょう。本問で問われているのは保護者のマナーです。本問が不正解だったとしたら、その原因は保護者の方にあります。学校もそうした意図を持ってこうした出題しています。小学校受験は生活のすべてが問われていると言うこともできます。普段の暮らしが試験にも表れてしまうということを保護者の方は理解しておいてください。ペーパーテストでも保護者の方は観られていることを忘れないでください。

【おすすめ問題集】
Ｊｒ・ウォッチャー12「日常生活」、56「マナーとルール」

問題31　分野：記憶（お話の記憶）

〈準備〉　鉛筆

〈問題〉　お話を聞いて、後の質問に答えてください。

今日は、よく晴れた日です。公園の池の中では、オタマジャクシくんとメダカさん、キンギョさんがお話しをしています。「私、泳ぐのが速いのよ」「ぼくだって」「私だって」「じゃあ、みんなで競争しようよ」と、キンギョさんが言い、みんな賛成しました。メダカさんが「よーい、ドン」とかけ声をかけて、オタマジャクシくんとメダカさん、キンギョさんが一斉にスタートしました。競争が始まると、メダカさんが１番先に進み、オタマジャクシくん、キンギョさんがその後に続きました。池の外から様子を見ていたカエルさんが「がんばれ、がんばれ」と、オタマジャクシくんを応援しています。メダカさんはそのまま１番でゴール。キンギョさんはゴール近くでオタマジャクシくんを追い抜いて、ゴールしました。カエルさんは「メダカさんすごいね」と言いました。メダカさんは「もう少ししたら、また競争しましょう」と言いました。

（問題19の絵を渡す）
３番目にゴールしたのは誰でしょうか。○をつけてください。

〈時間〉　15秒

〈解答〉　左端（オタマジャクシ）

［2020年度出題］

学習のポイント

当校のお話の記憶は、お話が短く、設問数も少ないのが特徴です。まず、登場人物を把握しましょう。本問の場合、競争をしているのはオタマジャクシくんとメダカさん、キンギョさんの３人で、カエルさんはオタマジャクシくんを応援しているだけで、競争には参加していません。次に気を付けるのは、それぞれの登場人物の動きです。ここでは、最初はメダカさん→オタマジャクシくん→キンギョさんだった競争の順番が、途中からメダカさん→キンギョさん→オタマジャクシくんの順になるところがポイントです。お話を聞きながら、それぞれの登場人物が、場面ごとにどのように変化しているのかをイメージできれば、正解することができます。「○番目」ではなく、「続きます」などの言葉から順番を判断することは、当校に限らず必要です。毎日の読み聞かせの中で、問いかけながら身に付けていくようにしましょう。

【おすすめ問題集】
１話５分の読み聞かせお話集①・②、お話の記憶問題集 初級編・中級編、
Ｊｒ・ウォッチャー19「お話の記憶」

問題32　分野：常識（マナーとルール）

〈準備〉　鉛筆

〈問題〉　４つの絵の中で、正しく並べられているものに○をつけてください。

〈時間〉　30秒

〈解答〉　右下

［2020年度出題］

学習のポイント

典型的なマナー問題です。知っていなければ正解することはできないので、きちんと身に付けておきましょう。小学校に入学すれば、給食の配膳などで、このような知識が必要になります。受験のための知識ではなく、生活の中に活かすことのできる知識でなければ意味はありません。こうした問題が出題されるということは、家庭でしっかりとマナーやルールを教えておいてくださいという、学校の意志の表れでもあります。小学校受験はペーパー学習だけでなく、生活学習が重要になります。日常生活の中で学べることは数多くあるので、生活と学習を切り離すのではなく、「生活＝学習」という気持ちで小学校受験に取り組んでいくようにしましょう。

【おすすめ問題集】
Ｊｒ・ウォッチャー12「日常生活」、30「生活習慣」、56「マナーとルール」

問題33　分野：数量（選んで数える・ひき算）

〈準備〉　鉛筆

〈問題〉　上の四角にあるイチゴとリンゴは、いくつ数が違うでしょうか。その数だけ下の四角のおはじきに○をつけてください。

〈時間〉　１分

〈解答〉　○：３

［2020年度出題］

学習のポイント

本問を段階的に考えると、まずイチゴとリンゴの数を数えて、次にその差を答えるということになります。それほど難しい問題ではありませんが、「いくつ数が違うでしょうか」という問題の出し方に慣れていないかもしれません。「イチゴはいくつ多いでしょうか」「リンゴはいくつ少ないでしょうか」という表現であれば、比較的解きやすいのですが、「数が違う」と言われると、何を問われているのかがわからなくなるのです。実際におはじきなどを並べてみるとわかりやすくなりますが、上記の３つのどの表現で出題されても正解は３個なのです。イチゴを基準に考えれば「３個多い」、リンゴを基準に考えれば「３個少ない」、両者を比較して考えれば「３個違う」ということになります。このように問題の言い方で、難しさは変わってきます。ただ、問題の本質を理解できていれば、問われていることは同じだということに気付くことができます。そのためには、具体物を使った学習で、考え方の基礎を身に付けることから始めましょう。

【おすすめ問題集】
Ｊｒ・ウォッチャー37「選んで数える」、38「たし算・ひき算１」、
39「たし算・ひき算２」

問題34 分野：数量（一対多の対応）

〈準備〉 鉛筆

〈問題〉 左の四角にある車は「洗濯バサミ」と「ペットボトルのキャップ」と「割り箸」からできています。右の四角にある部品を組み合わせて車を作ると何台できるでしょうか。下の四角のおはじきにその数だけ○をつけてください。

〈時間〉 １分

〈解答〉 ○：４

［2020年度出題］

学習のポイント

まずは、何を問われているのかを考えてください。「洗濯バサミ」「割り箸」「ペットボトルのキャップ×２」を１セットにして、何セット分作れるかということになります。それがわかれば、後は数えるだけです。オーソドックスな方法としては、セットごとにまとめて○で囲むやり方がありますが、パーツがランダムに並んでいる本問では、かえってわかりにくくなってしまいます。なので、本問ではパーツごとに数えていく方法がよいでしょう。洗濯バサミ４個、割り箸４個、ペットボトルのキャップ８個なので、４セット作れることがわかります。おすすめできるものではありませんが、こうしたセットを作る問題で、見本で１個しか使われていないパーツ（本問では洗濯バサミ・割り箸）の数だけをかぞえるという方法があります。パーツに余りが出ないということが前提になりますが、セットで１個だけしか使われていないということは、「セットの数＝パーツの数」ということになります。いわゆるハウツーなので、豆知識程度に覚えておいてください。

【おすすめ問題集】
Ｊｒ・ウォッチャー37「選んで数える」、42「一対多の対応」

問題35　分野：常識（理科）

〈準備〉　鉛筆

〈問題〉　ここに描かれている絵の中で、命のあるものに○をつけてください。

〈時間〉　1分

〈解答〉　下図参照

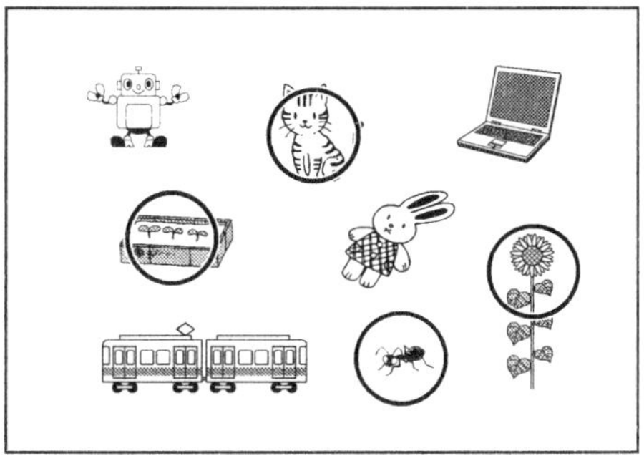

［2020年度出題］

学習のポイント

「命のあるもの」という意味が理解できれば、難しい問題ではありません。「生きもの」や「植物」という直接的な表現であれば、より簡単に答えられると思いますが、「命のあるもの」と言われると、少し考えてしまうお子さまもいると思います。動くロボットには命はありませんし、動かない植物には命があります。突き詰めていけば命の根源的な話になってしまいそうですが、ここでは「生きもの」「植物」ととらえておけばよいでしょう。当校では、本問のような、問題の意味を考えさせる出題が時折見られます。すべての学習の基礎として、言葉を理解する力が必要となるので、ふだんの会話や読み聞かせなどを通じて、「聞く」「理解する」ということを意識していきましょう。

【おすすめ問題集】
Ｊｒ・ウォッチャー11「いろいろな仲間」、27「理科」、55「理科②」

問題36　分野：図形（四方からの観察、座標）

〈準備〉　鉛筆

〈問題〉　動物のビスケットが、左の絵のように棚に並んでいます。右の絵のように向こう側の男の子から見た時、色を塗った場所にある動物のビスケットはどれでしょうか。下の四角から選んで○をつけてください。

〈時間〉　20秒

〈解答〉　右から３番目（ヒヨコ）

［2020年度出題］

学習のポイント

四方からの観察と座標の複合問題になります。１番のポイントは、棚の向こう側からの視点で見るというところです。大人にとっては、自分以外の視点からものを見る（想像する）ことはそれほど難しいことではありませんが、未就学児にとっては意外と難しい作業になります。なので、想像することが難しければ、実際に見せてあげましょう。透明なクリアファイルなどに本問と同じようにマス目と動物を描けば、両側から見ることができます。手前側から見た時には左下にあったヒヨコが、反対側から見ると右下にあるということが実感できるでしょう。このように実際に目で見ることで理解が深まり、それを繰り返すことで感覚的に答えが出せるようになっていきます。

【おすすめ問題集】
Ｊｒ・ウォッチャー２「座標」、10「四方からの観察」

問題37　分野：図形（重ね図形）

〈準備〉　鉛筆

〈問題〉　上の四角の影の中にはいくつかの道具が隠れています。下の四角から隠れている道具を探して○をつけてください。

〈時間〉　30秒

〈解答〉　左端（セロハンテープ）、左から２番目（ハサミ）、真ん中（鉛筆）、右から２番目（のり）

［2020年度出題］

学習のポイント

同図形探しをアレンジした問題になります。同じ形ではあるのですが、一方は影（シルエット）になっており、しかも重なっているので、形の一部が隠れてしまっています。そういう意味では、図形の問題ではありますが、推理（欠所補完）の要素も含まれています。解き方としては、形の特徴をしっかりとらえて、同じものを見つけるということになります。本問では、同じような形が選択肢にないので、直感的に解くことのできる問題だと思いますが、お子さまが難しく感じているようでしたら、選択肢の形を切り取って、実際に重ねてみるとよいでしょう。パズルのような感覚で取り組むことができ、どう重なっているのかも目で見ることができるので、問題の理解を深めることができます。

【おすすめ問題集】
Ｊｒ・ウォッチャー３「パズル」、35「重ね図形」、59「欠所補完」

問題38　分野：巧緻性

〈準 備〉　タオル地の小さな髪ゴム、Ａ４サイズの画用紙

〈問 題〉　この問題は絵を参考にしてください。
これから「巻きもの」を作ります。今から見本を見せるので、その通りに作ってください。
（実際の試験ではモニターでの説明）
画用紙を短い方から丸めて筒を作り、ゴムを２重にして筒の真ん中で留めてください。できたら、机の上に置いてください。

〈時 間〉　２分

〈解 答〉　省略

［2020年度出題］

学習のポイント

制作とも巧緻性とも呼べる問題ではありますが、どちらにしても単純な問題です。問題はモニターを使って、お手本を作る様子を見る形で出題されます。聞き逃したり、見逃したりしてしまうと作ることができなくなってしまうので、集中して見る（聞く）ようにしてください。やること自体はシンプルなのですが、ゴムが小さくて２重にすることができなかったり、画用紙を細く丸めることができなくてゴムに入らなかったりといったことがあったようです。意図したねらいなのかどうかはわかりませんが、「ゴムが小さいから、筒は細くしないと入らない」と考えてから紙を丸める必要があります。簡単そうに見えますが、意外と手間どって、完成できなかったお子さまもいたということです。

【おすすめ問題集】
実践 ゆびさきトレーニング①・②・③

問題39　分野：行動観察

〈準 備〉　タンバリン

〈問 題〉　この問題の絵はありません。
【ジャンケン列車】
①タンバリンの音に合わせて行進する。
②音が止まったら、近くにいる人とジャンケン。
③負けた人は勝った人の後ろにつながる。
④①～③を２回繰り返す

〈時 間〉　１分程度

〈解 答〉　省略

［2020年度出題］

学習のポイント

行動観察→運動→口頭試問（生活巧緻性）という流れで、２日目の試験は行われます。ジャンケン列車は、当校で例年行われている課題なので、ルールを知っておくとスムーズに取り組むことができます。何度も繰り返して、優勝者を決めるまで続けることが多いゲームですが、当校では時間も短く、回数も２回のみで、「チャンピオンは決めません」と指示があったそうです。このことからも、具体的に何かを観るというのではなく、準備運動的な位置付けの課題と考えてよいでしょう。きちんと指示を聞いて、行動することができれば問題はありません。もし、ジャンケン列車がどういうものかわからなければ、インターネットなどで調べておくとよいでしょう。

【おすすめ問題集】
Ｊｒ・ウォッチャー29「行動観察」

問題40　分野：口頭試問、生活巧緻性

〈準備〉　筆箱、鉛筆（２本）、クレヨンの箱、クレヨン（２本）、セロハンテープ、つぼのり、道具箱

〈問題〉　**この問題の絵はありません。**
これから１人ずつ質問をします。呼ばれた人から私（出題者）のところに来てください。それ以外の人は、男女別々に並んで体育座り（三角座り）をして待っていてください。
①「好きな食べもの（本、くだもの、おもちゃなど）は何ですか」の質問の後、「どうして好きなのですか」「それについて、詳しく教えてください」など、掘り下げる質問が続けられる。
②机の上にあるものを、重ならないように道具箱に片付けてください。

〈時間〉　２分程度

〈解答〉　省略

［2020年度出題］

学習のポイント

運動の後に、簡単な口頭試問が行われます。難しい内容ではないので、聞かれたことに対して、自分の考えを言葉にできれば問題ないでしょう。大きな声で元気よく、相手の目を見てハッキリと返事をすることを心がけてください。「好きな〇〇は何ですか」という質問が行われ、その答えに対して、さらに掘り下げた質問もされます。ふだんのお子さまとの会話の際に、もう一言添えるようにすると、こうした質問への対策になるでしょう。例えば、「何でそう考えたの」と理由聞いたり、「もう少し詳しく教えて」と詳細な説明を促したり、「ほかにどんなものがあるの」と具体例を引き出したりする感じです。また、「今のところをもう少し簡単に話して」と、相手がわかるように言い換えさせるのもよいでしょう。

【おすすめ問題集】
新口頭試問・個別テスト問題集、面接テスト問題集

問題1

①

②

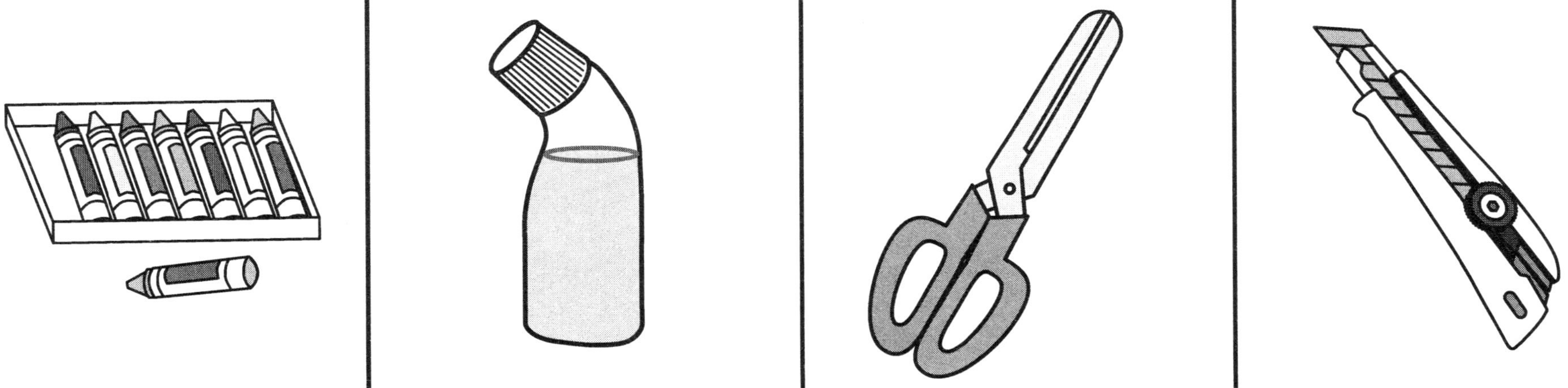

問題 2

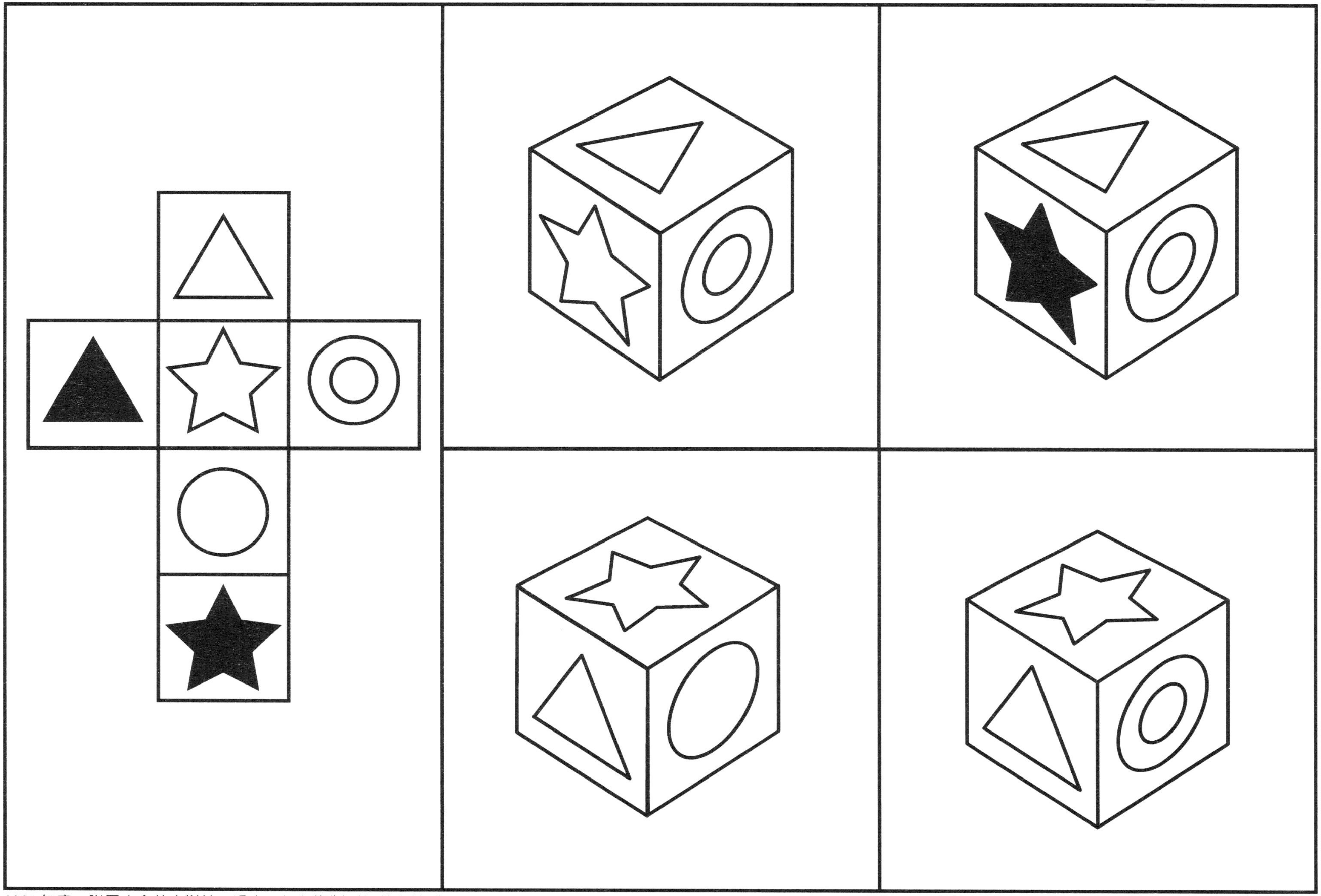

2024年度　附属小金井小学校　過去　無断複製／転載を禁ずる　　　　日本学習図書株式会社

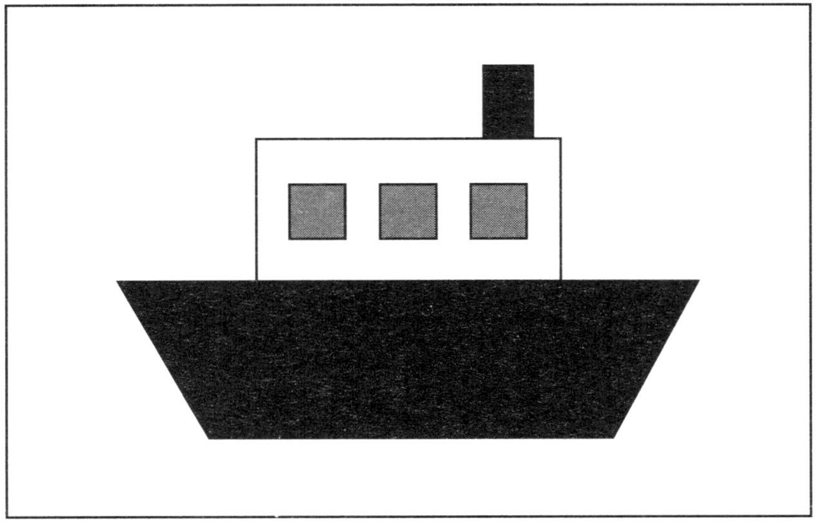

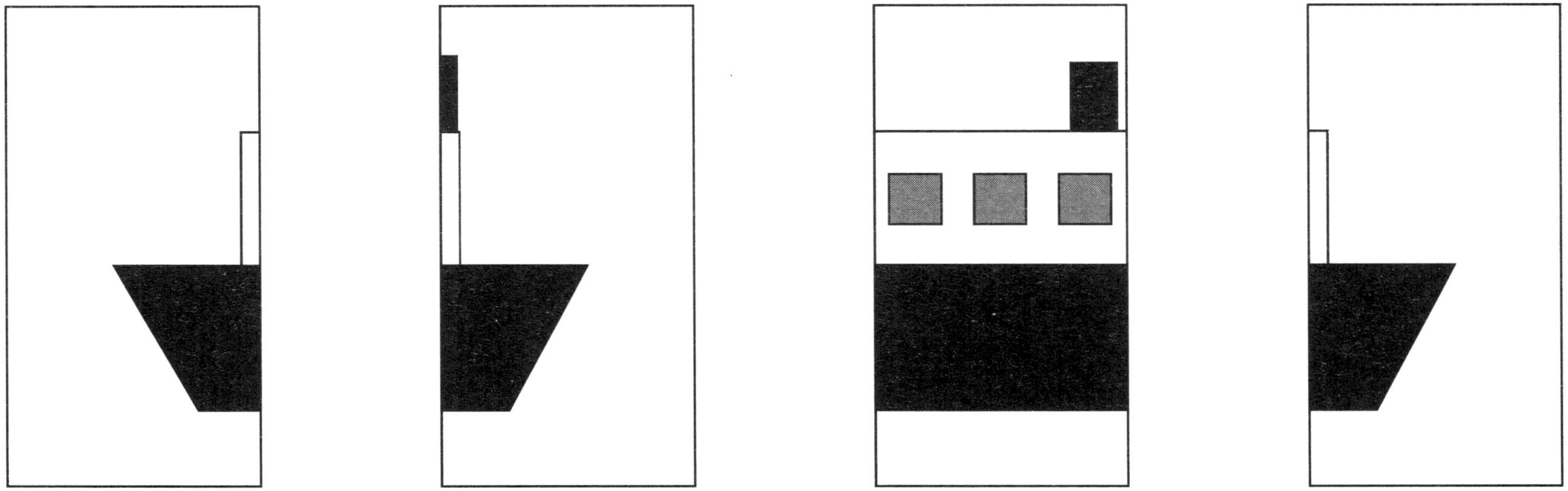

2024年度　附属小金井小学校　過去　無断複製/転載を禁ずる　日本学習図書株式会社

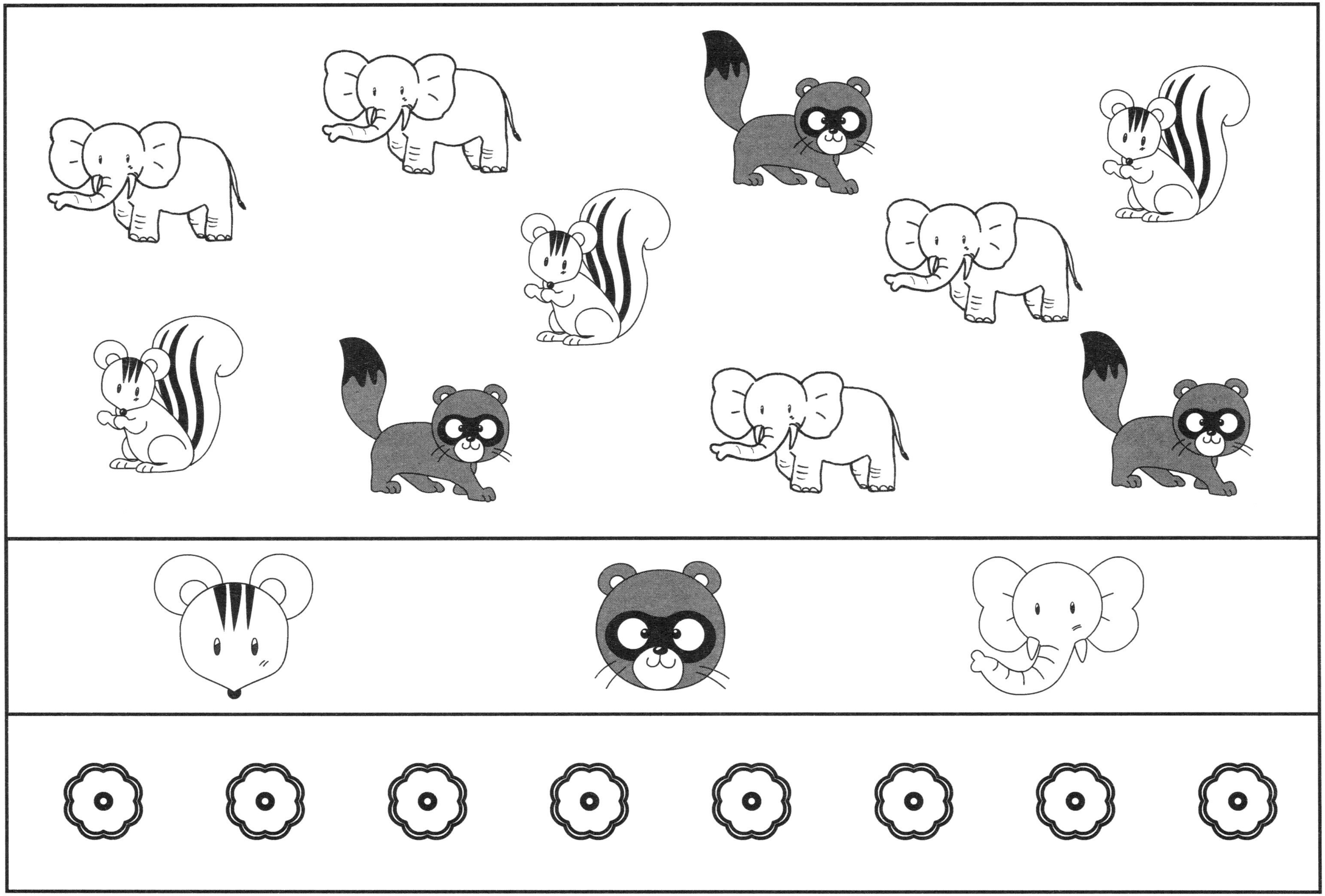

問題5

問題6－1

2024 年度　附属小金井小学校　過去　無断複製/転載を禁ずる　　　　　　　　　日本学習図書株式会社

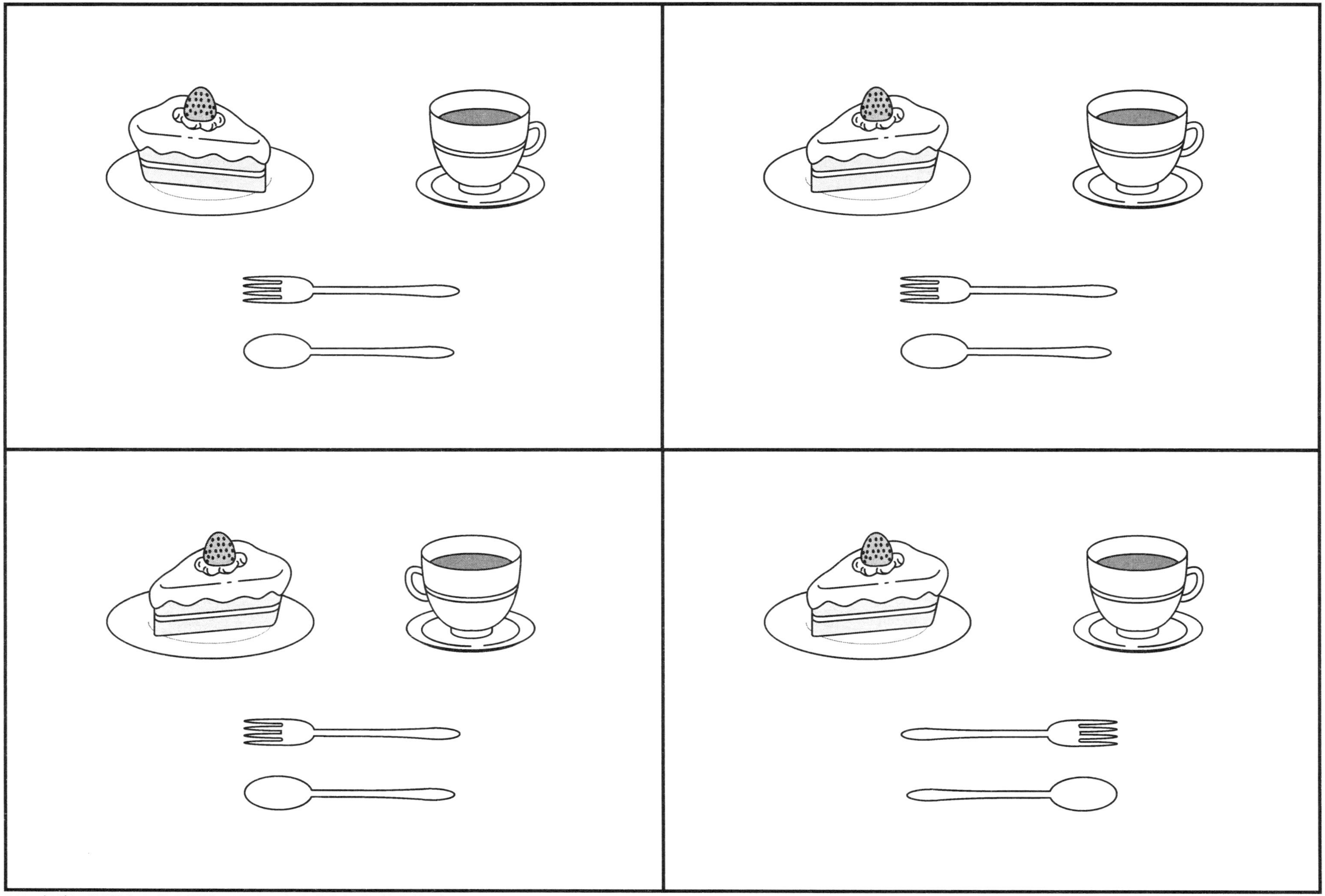

問題 7

問題 8

①

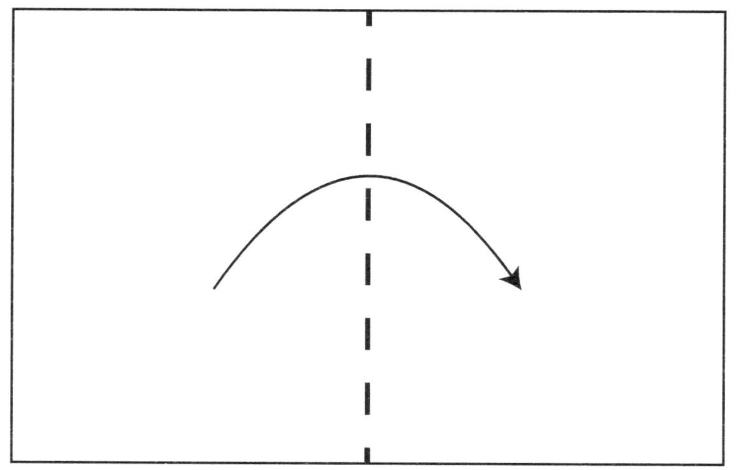

②

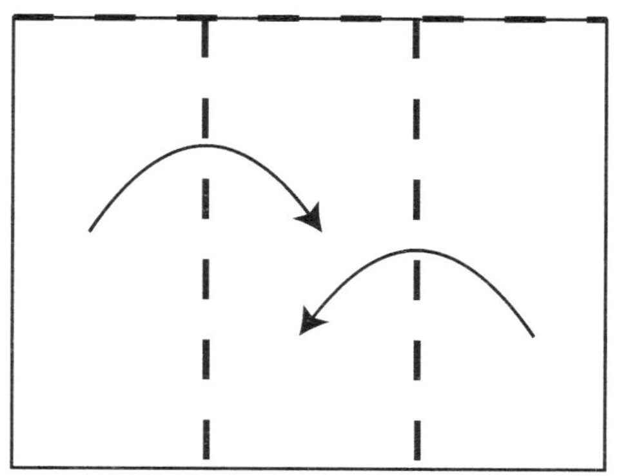

③

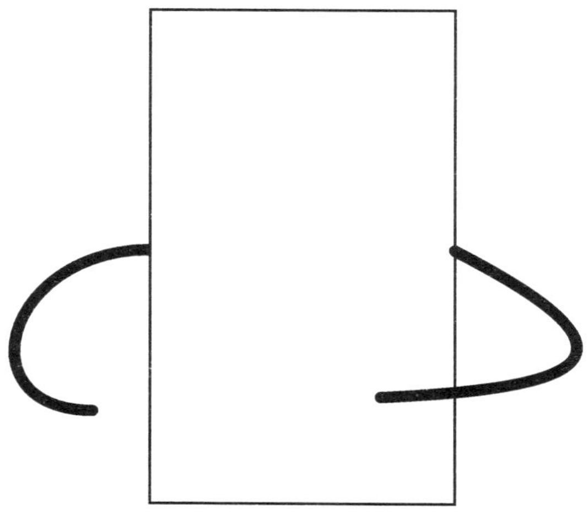

④

問題１０

問題11

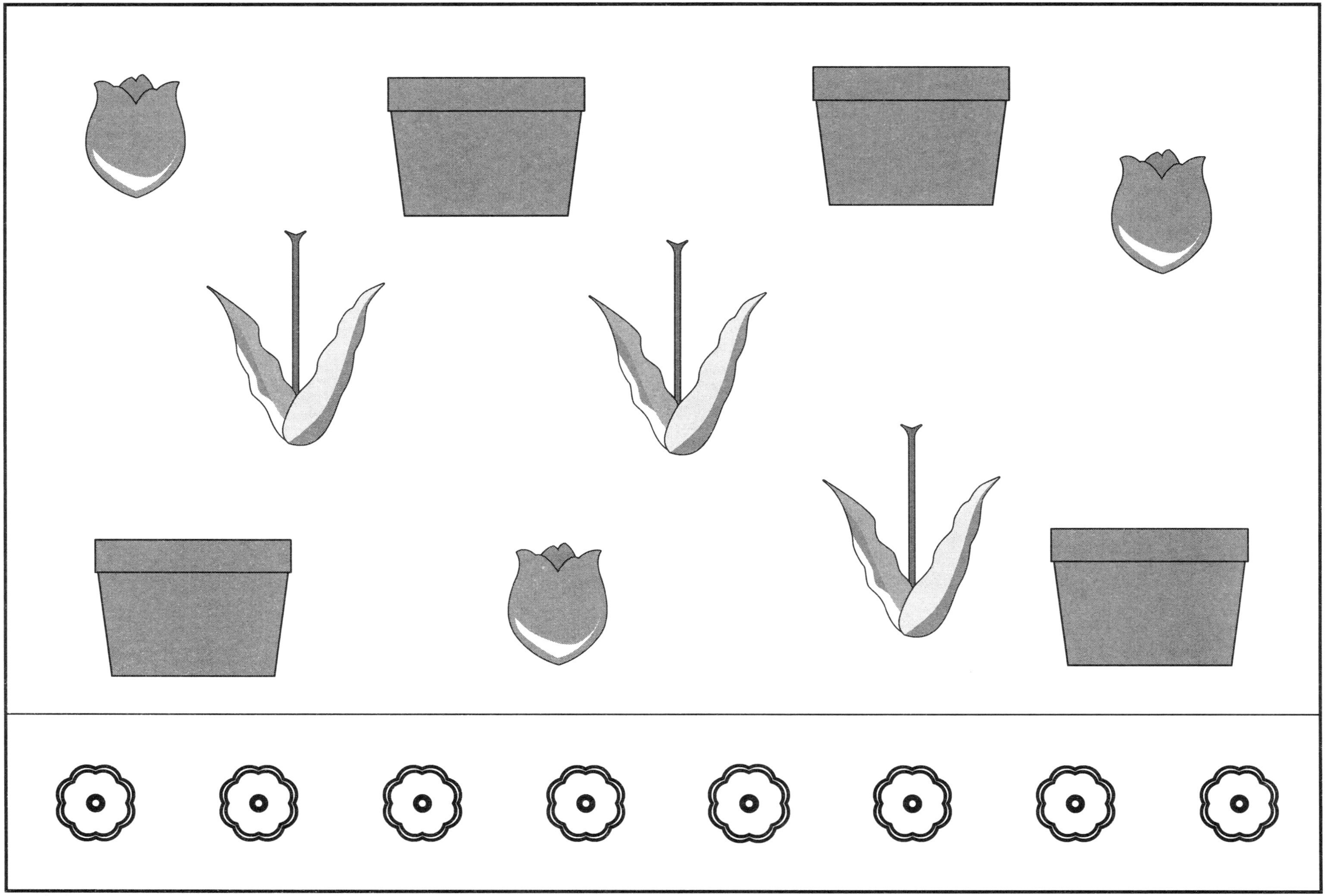

2024年度　附属小金井小学校　過去　無断複製／転載を禁ずる

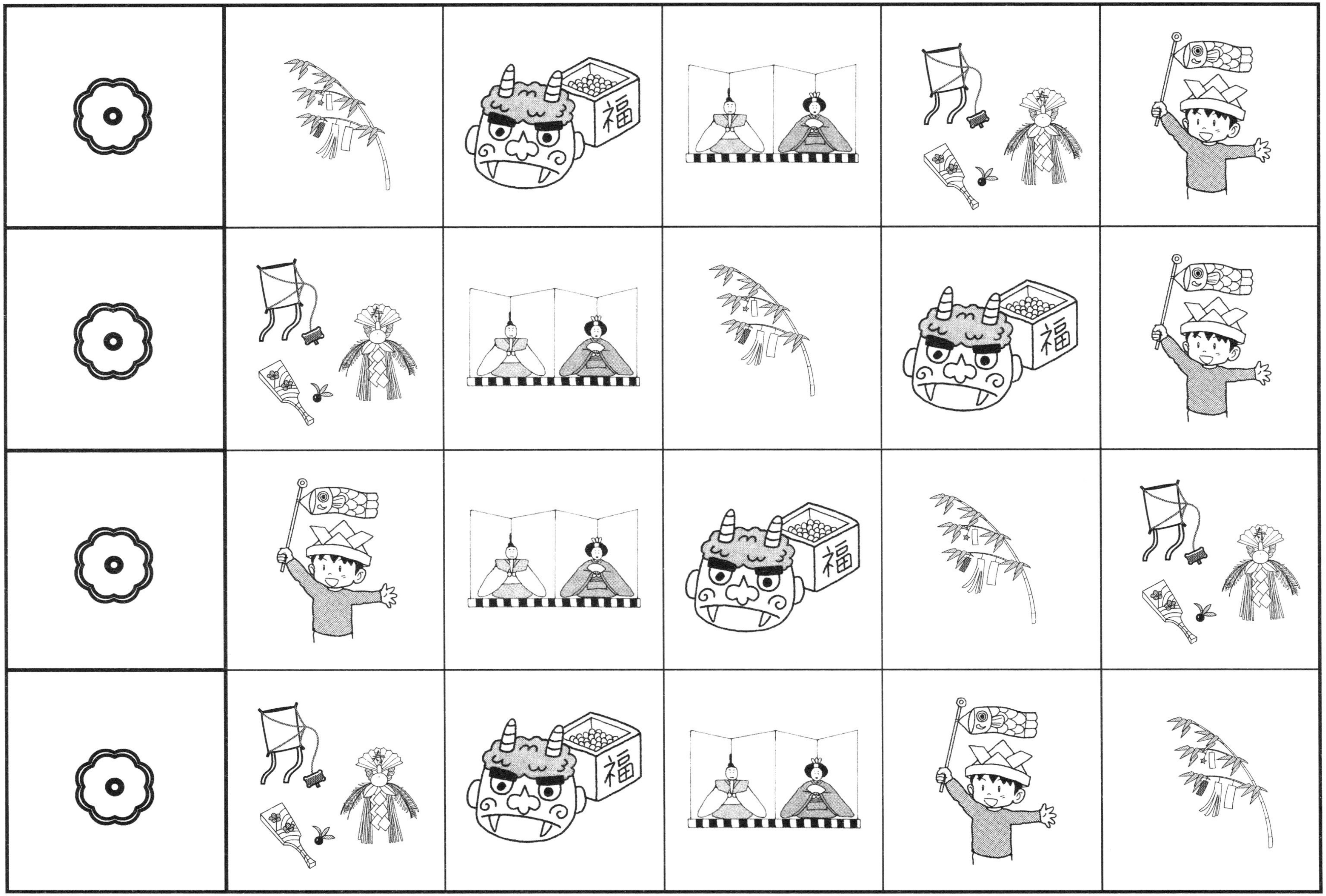

問題13

①

②

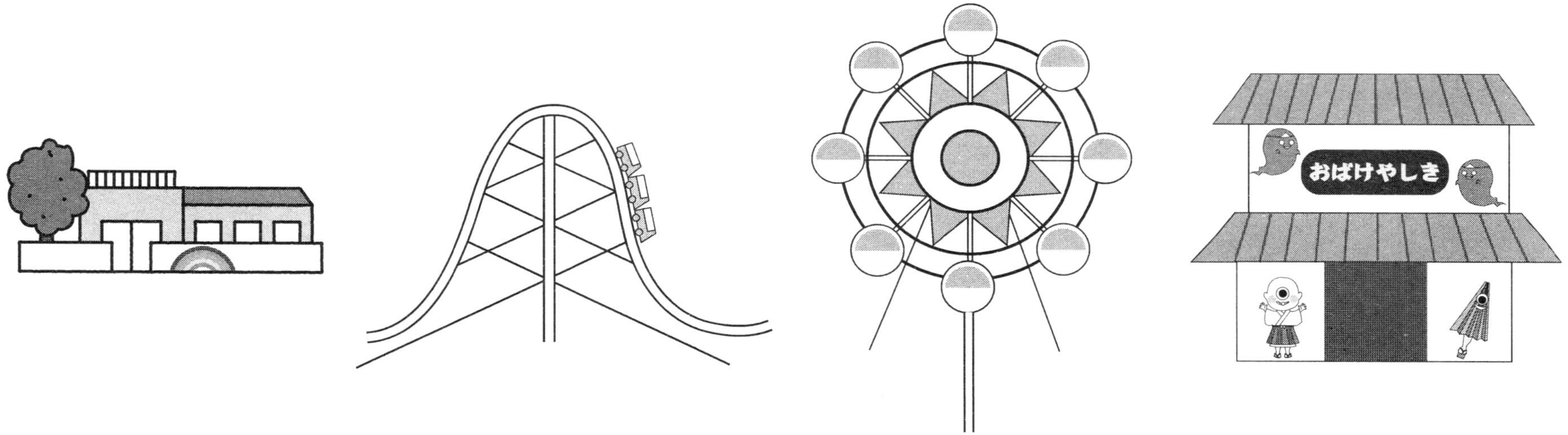

問題１４－１

問題１４－２

2024年度　附属小金井小学校　過去　無断複製／転載を禁ずる　日本学習図書株式会社

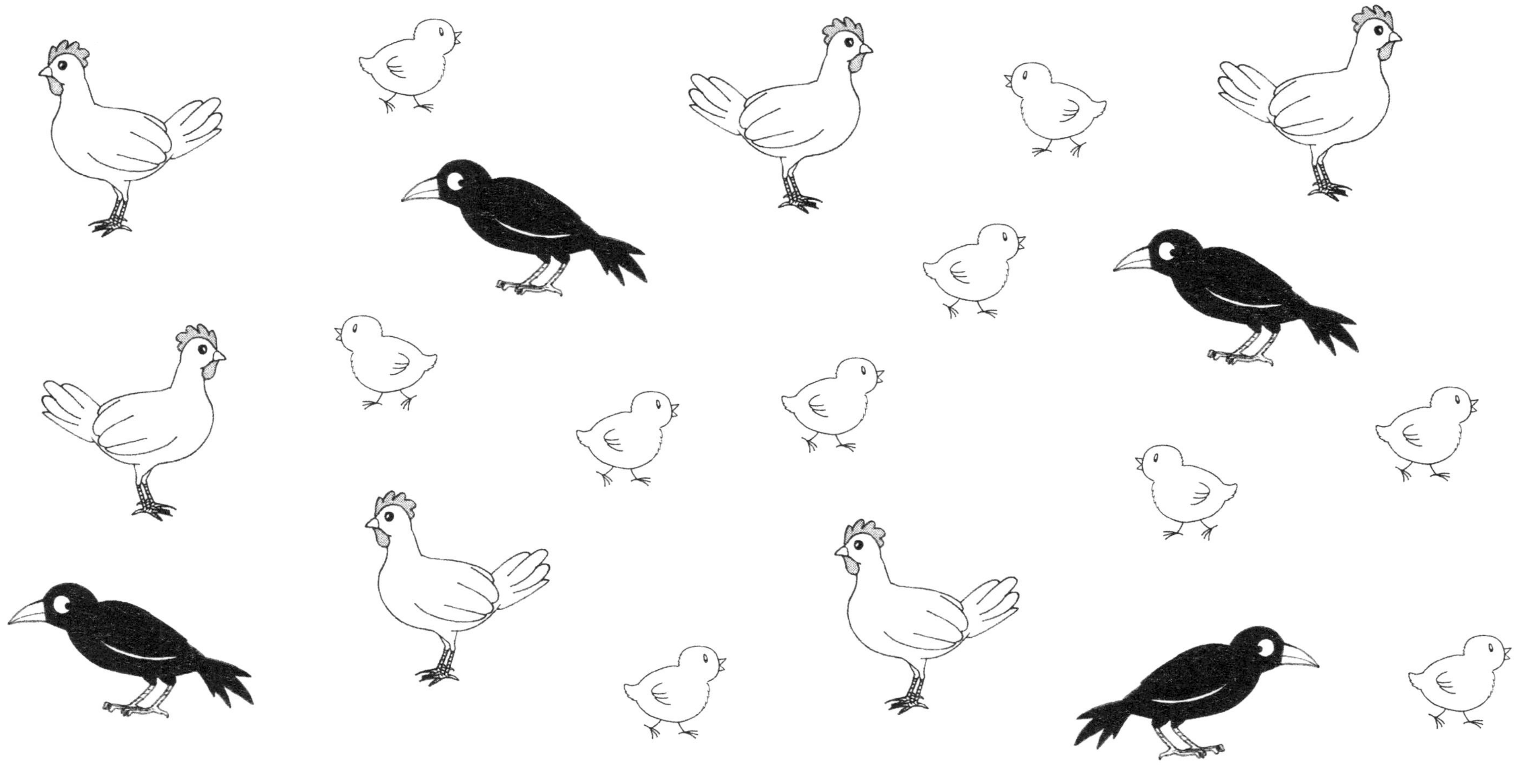

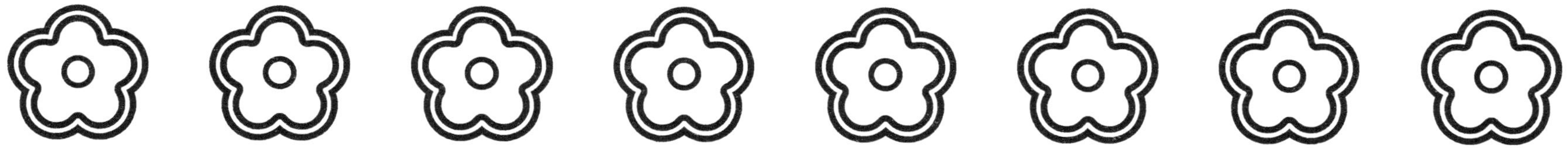

①

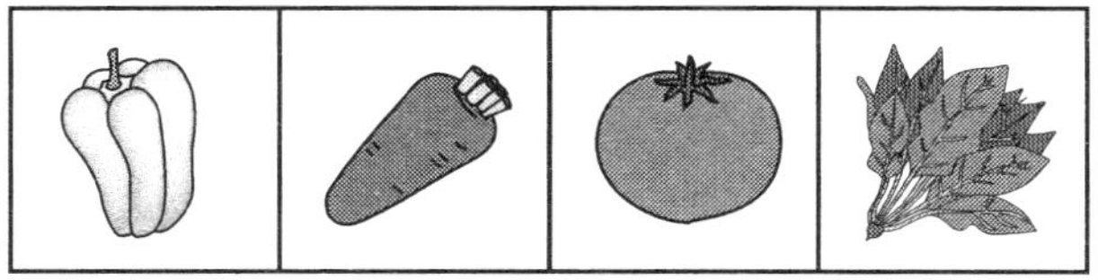

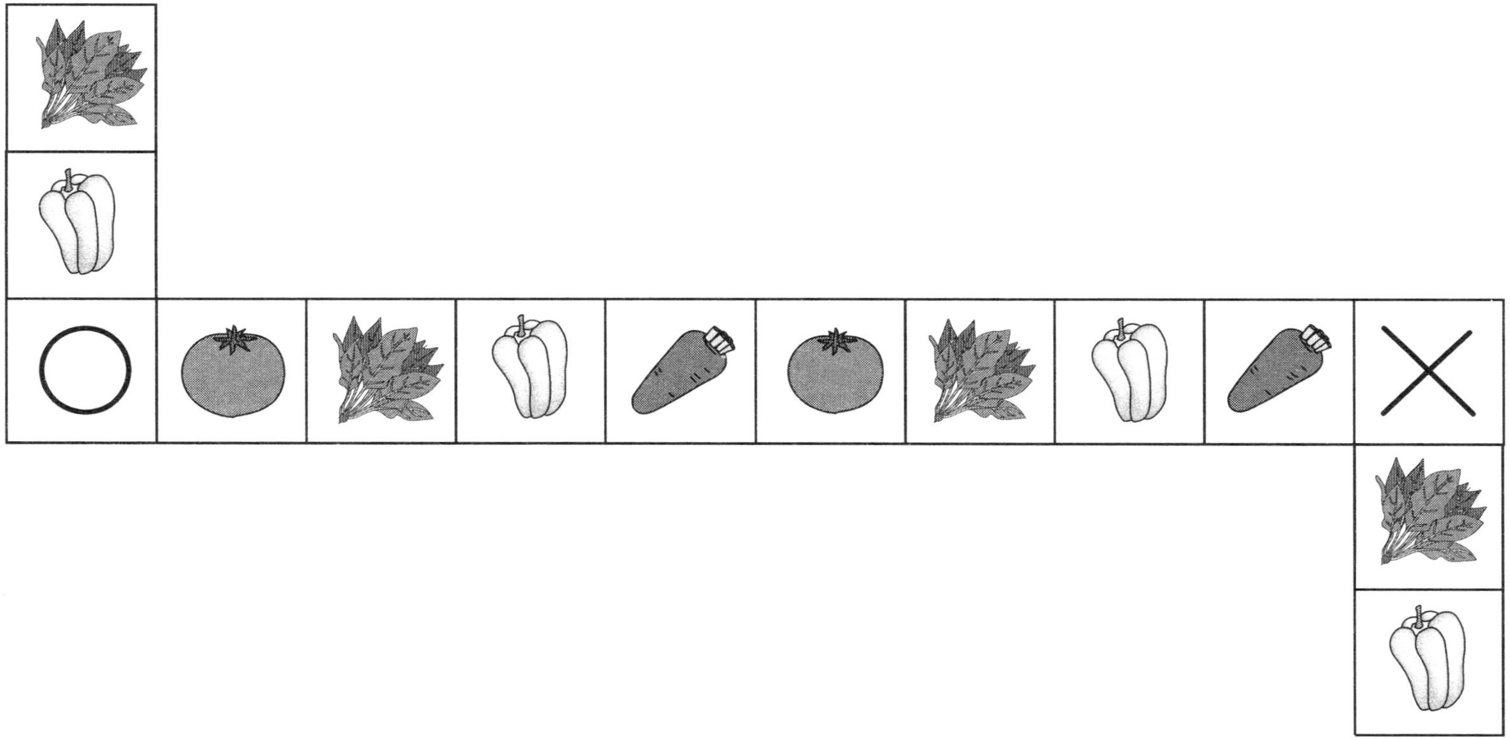

2024年度 附属小金井小学校 過去 無断複製／転載を禁ずる

日本学習図書株式会社

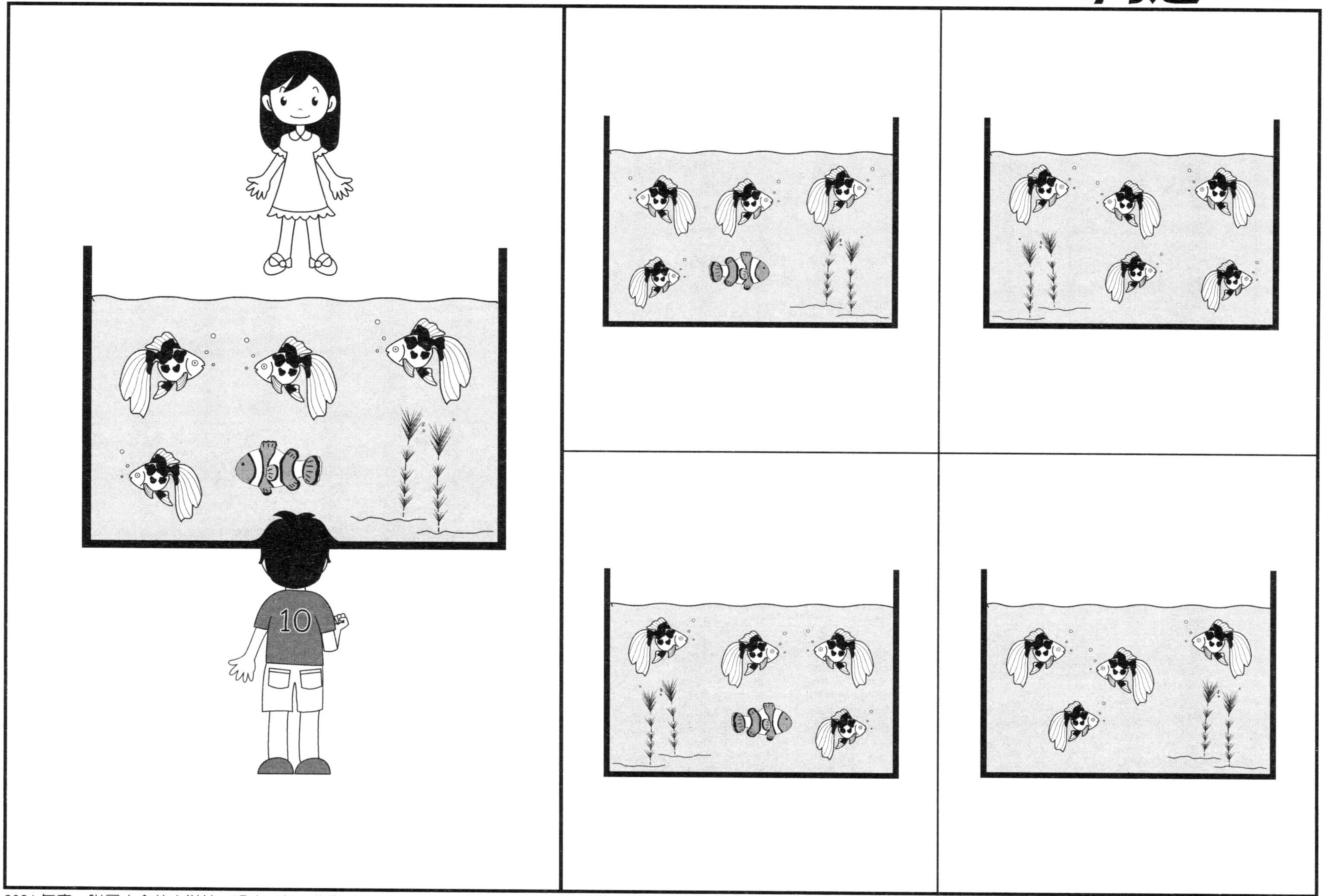

日本学習図書株式会社

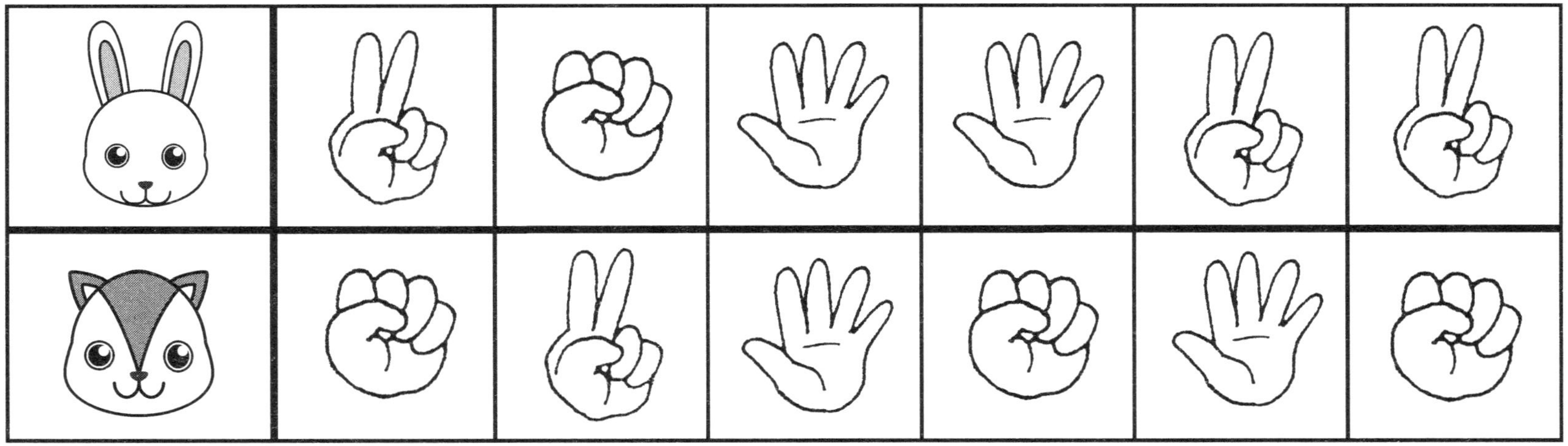

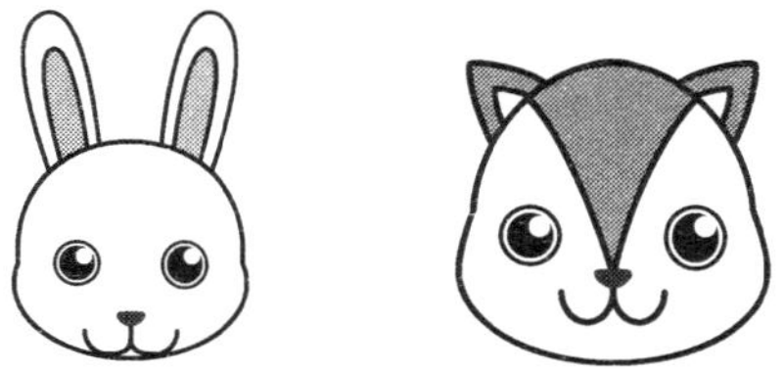

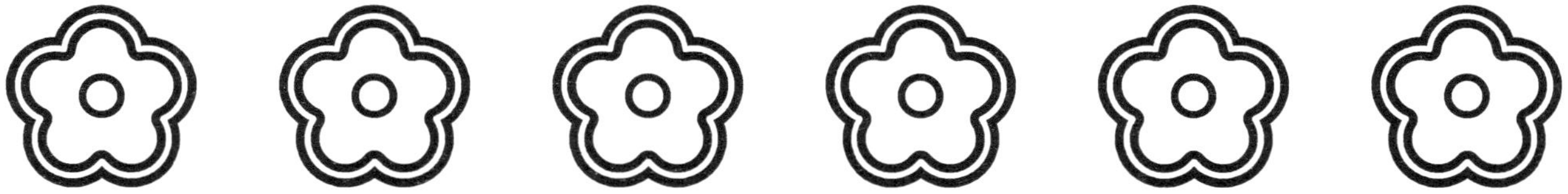

問題１９

日本学習図書株式会社

問題２０

①　折り紙を半分に折る。
　３回繰り返す。

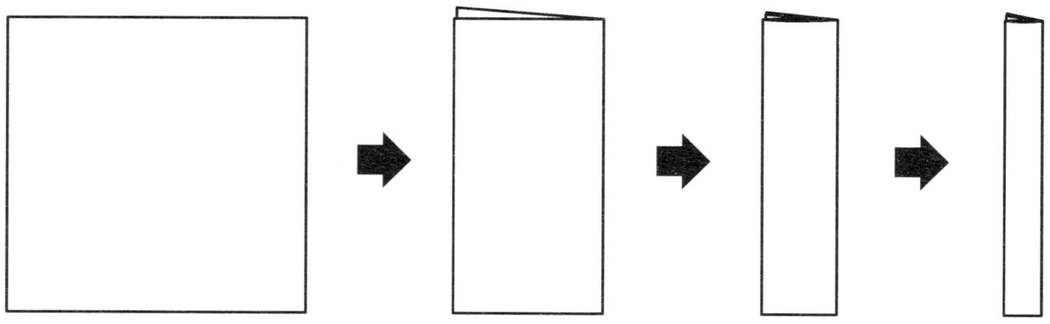

②　折り紙を開く。
端を少し残しながら、折った線に沿ってちぎる。
点線のところをちぎるイメージ。
※実際には点線は書かれていない。

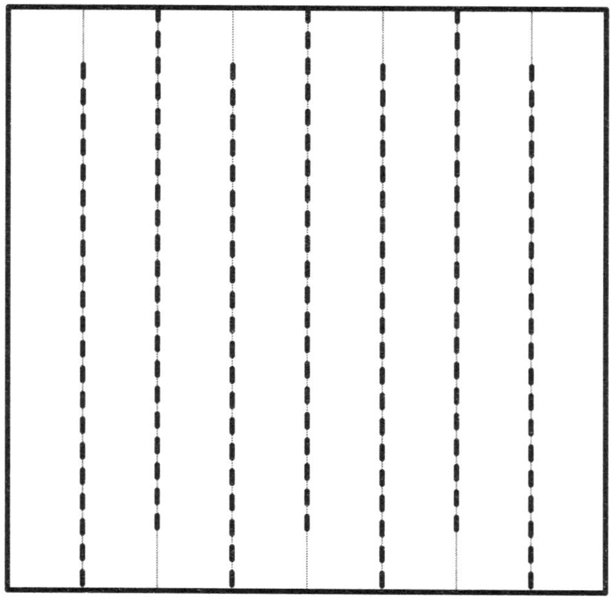

問題22

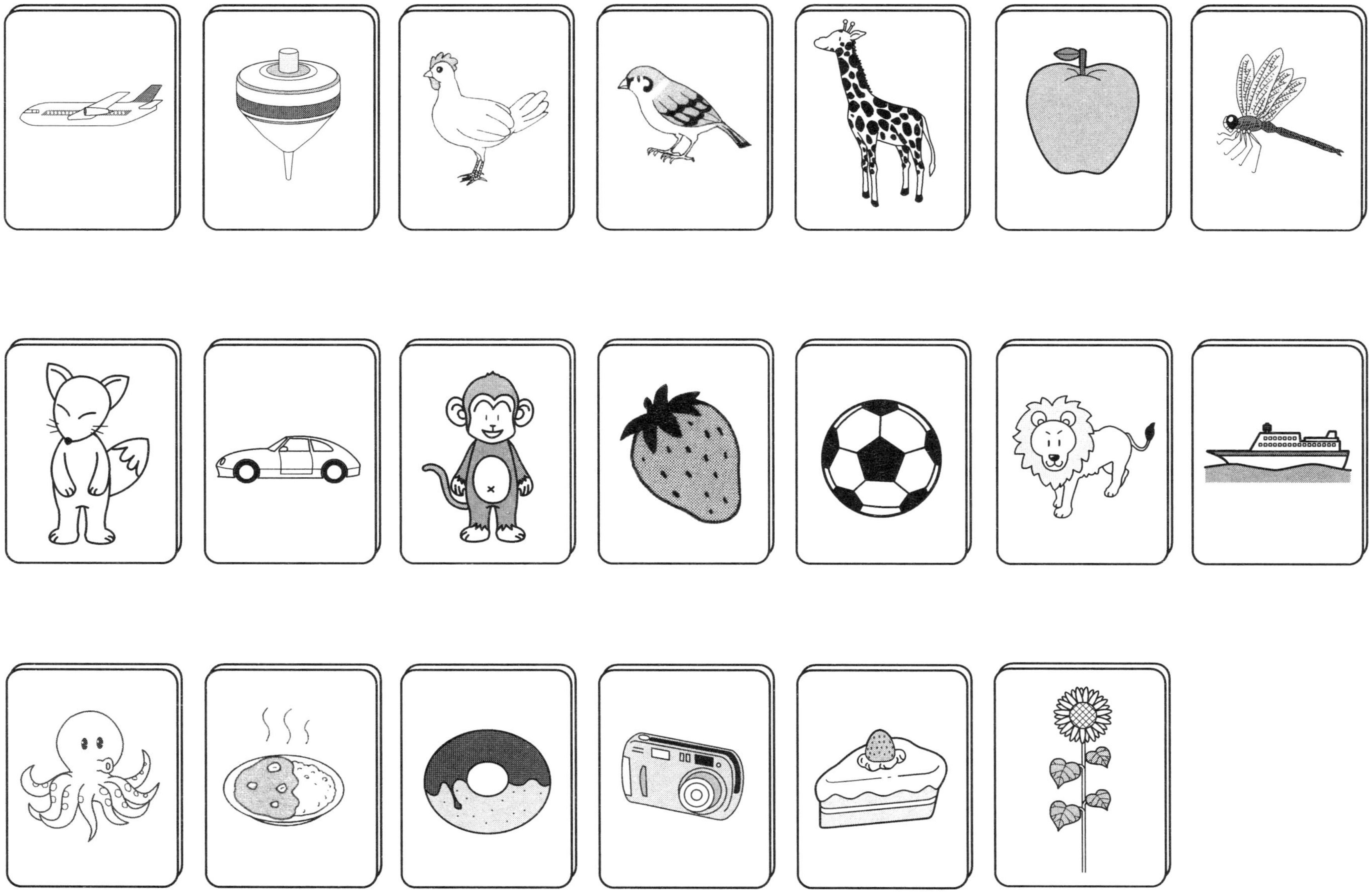

問題２３

問題24－1

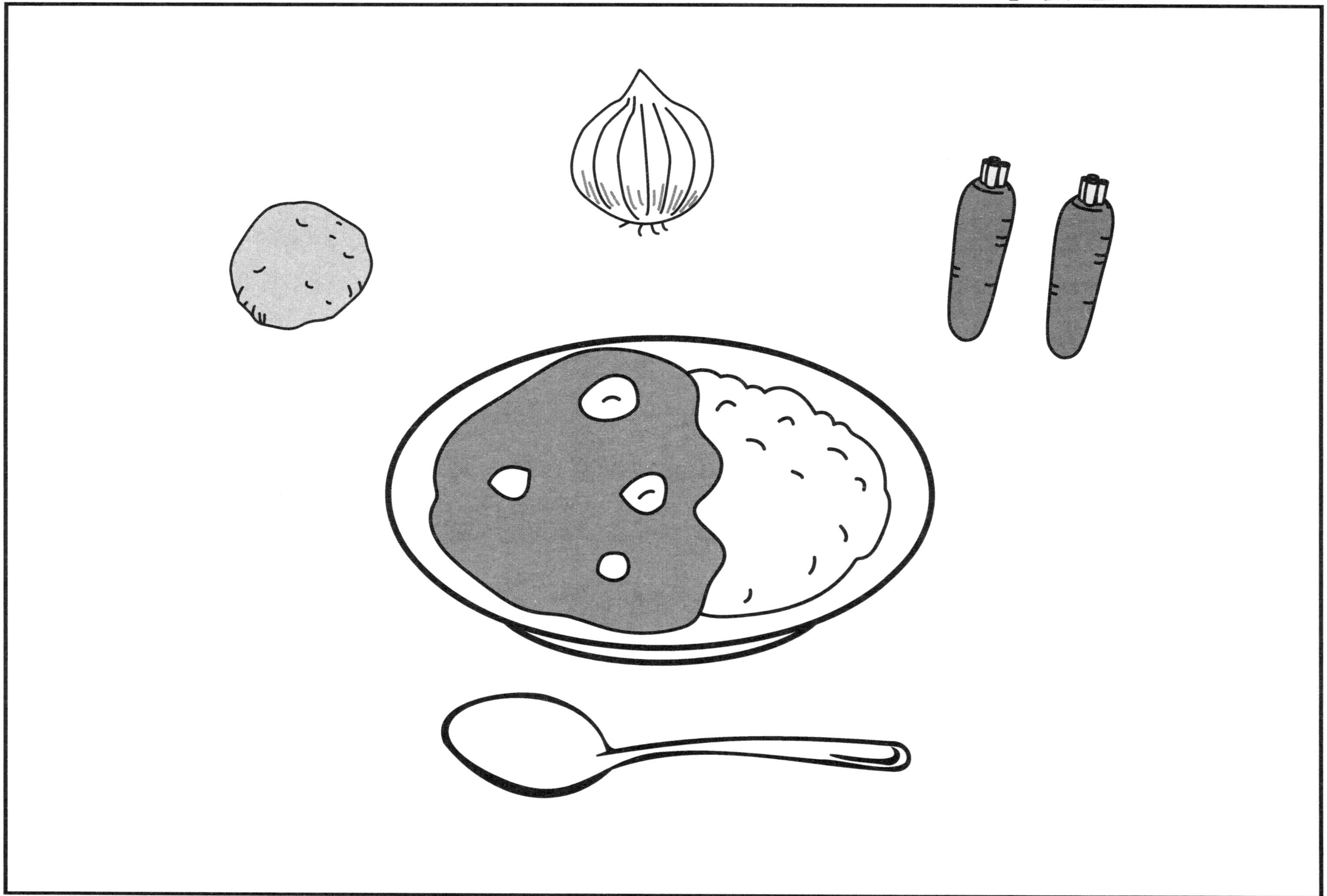

2024 年度　附属小金井小学校　過去　無断複製／転載を禁ずる　　　　　　　　　　日本学習図書株式会社

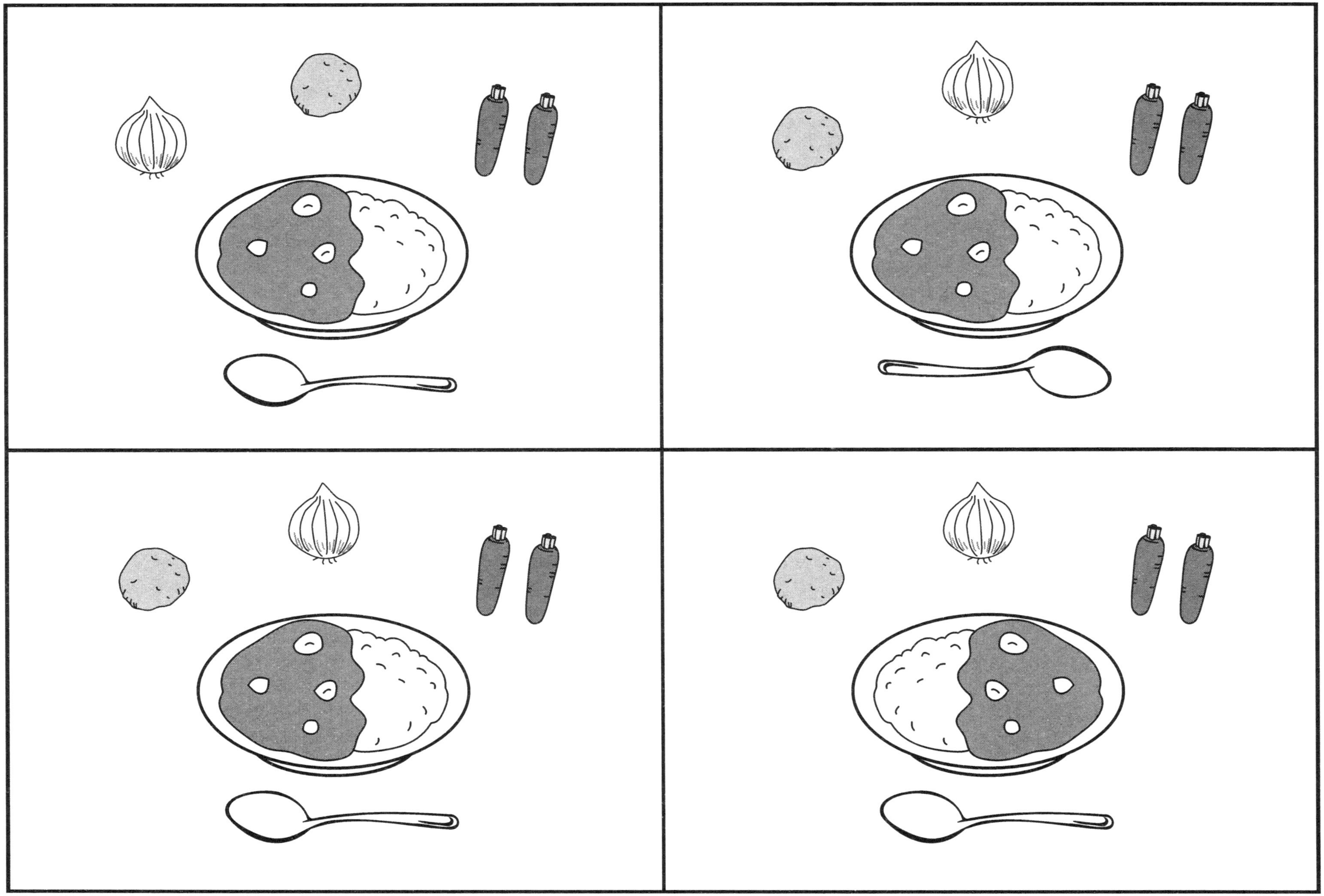

問題25

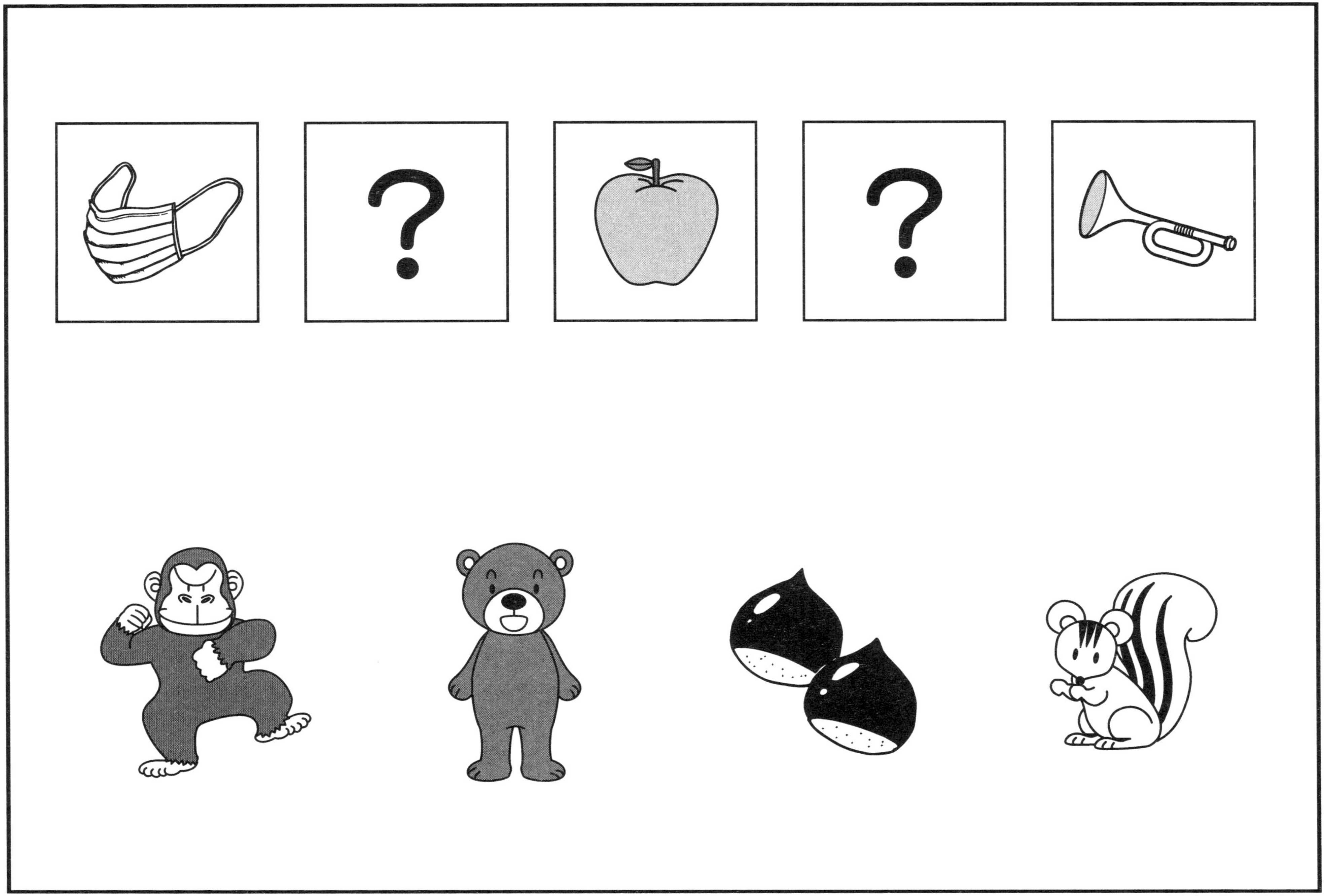

問題２６

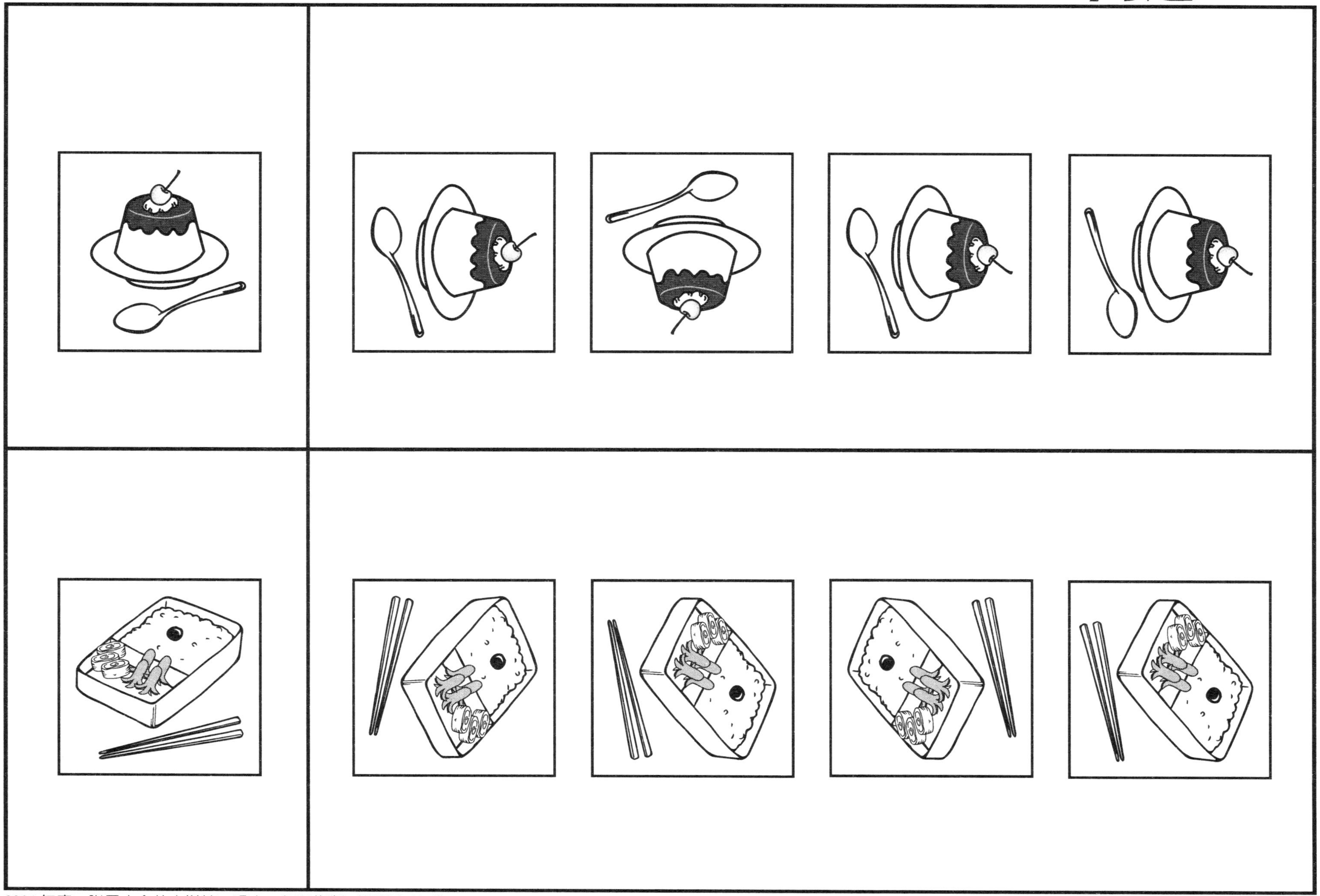

問題27

問題２８－１

2024 年度　附属小金井小学校　過去　無断複製／転載を禁ずる　日本学習図書株式会社

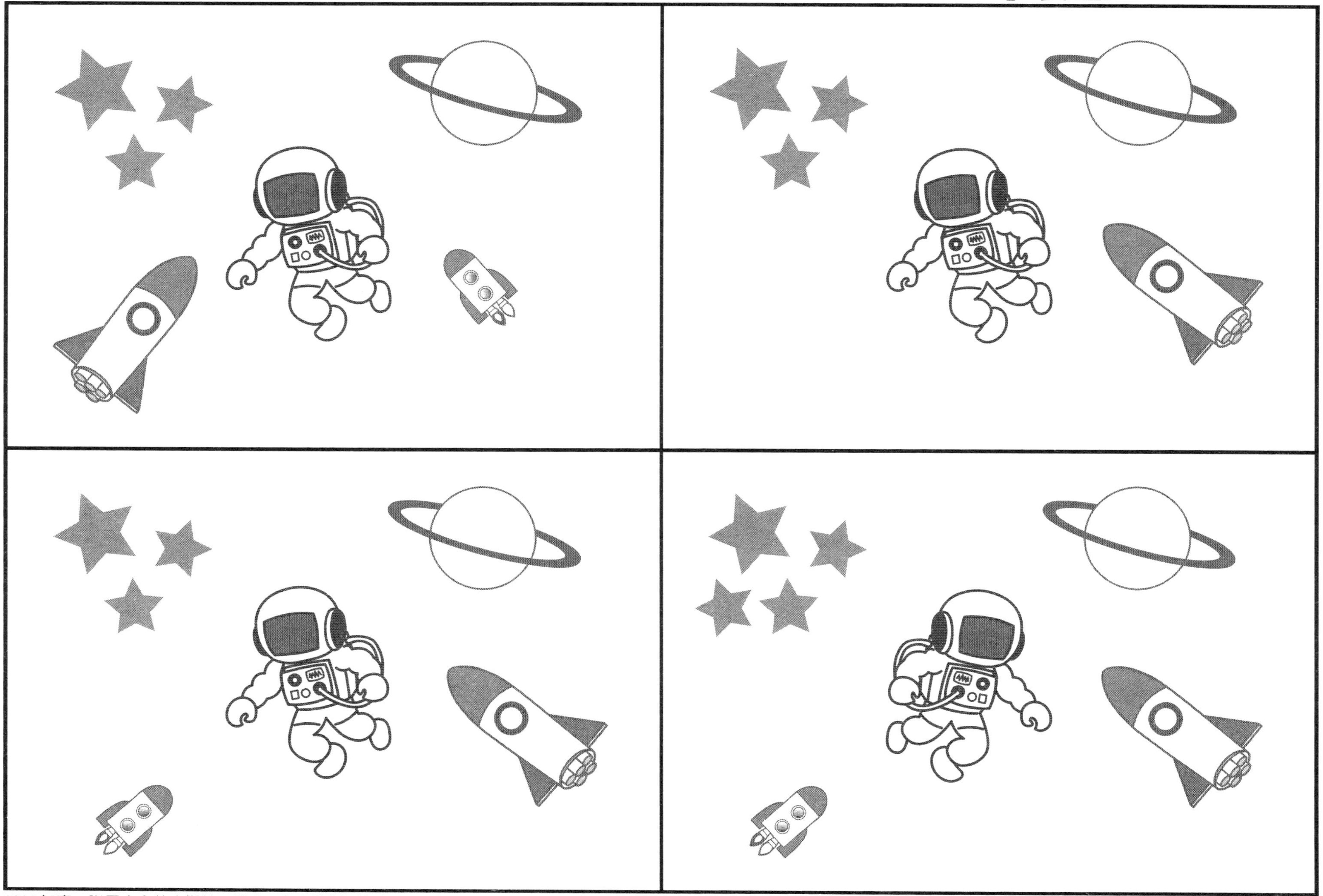

問題２９

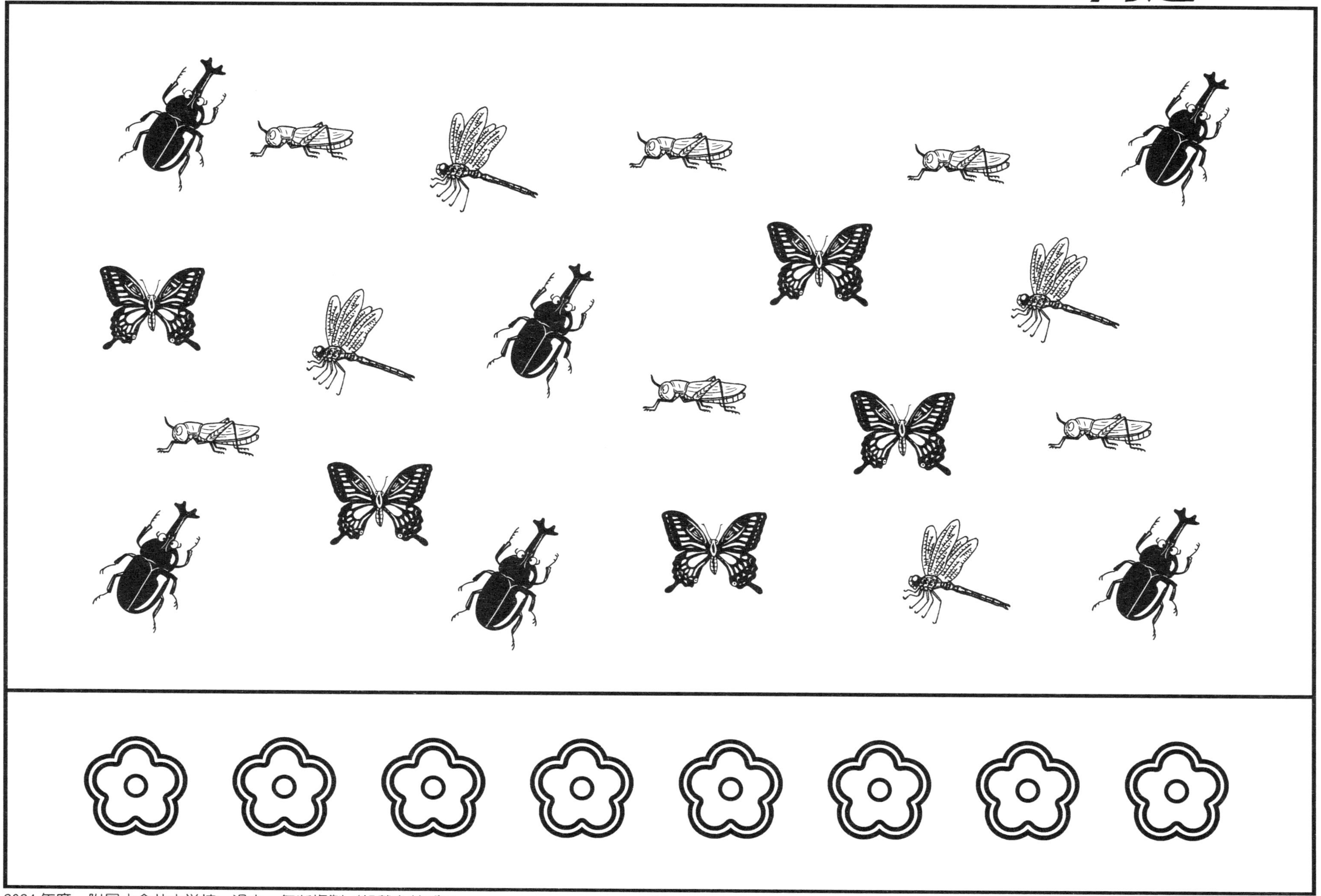

問題３０

問題３１

2024 年度　附属小金井小学校　過去　無断複製／転載を禁ずる　日本学習図書株式会社

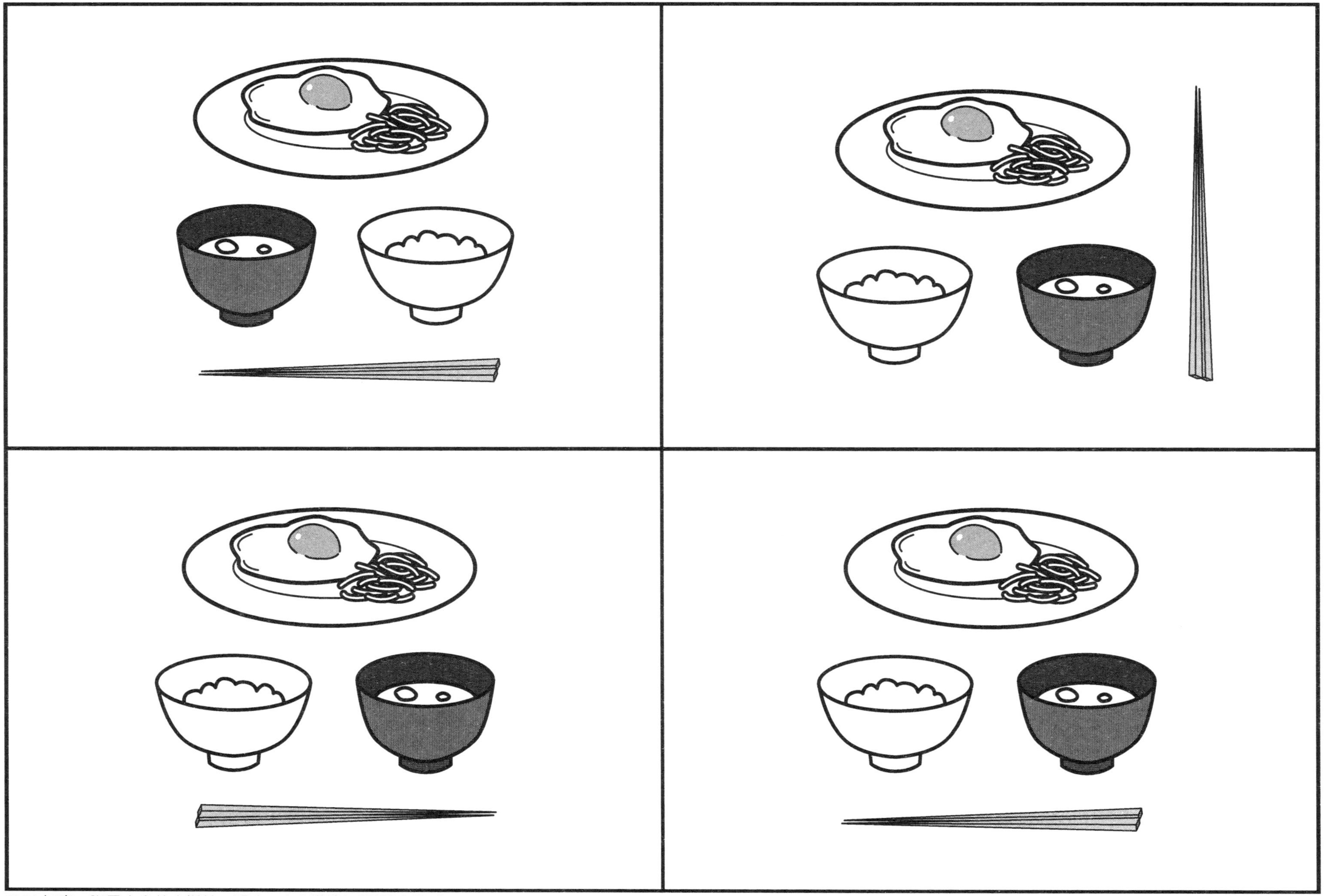

問題３３

2024年度　附属小金井小学校　過去　無断複製／転載を禁ずる

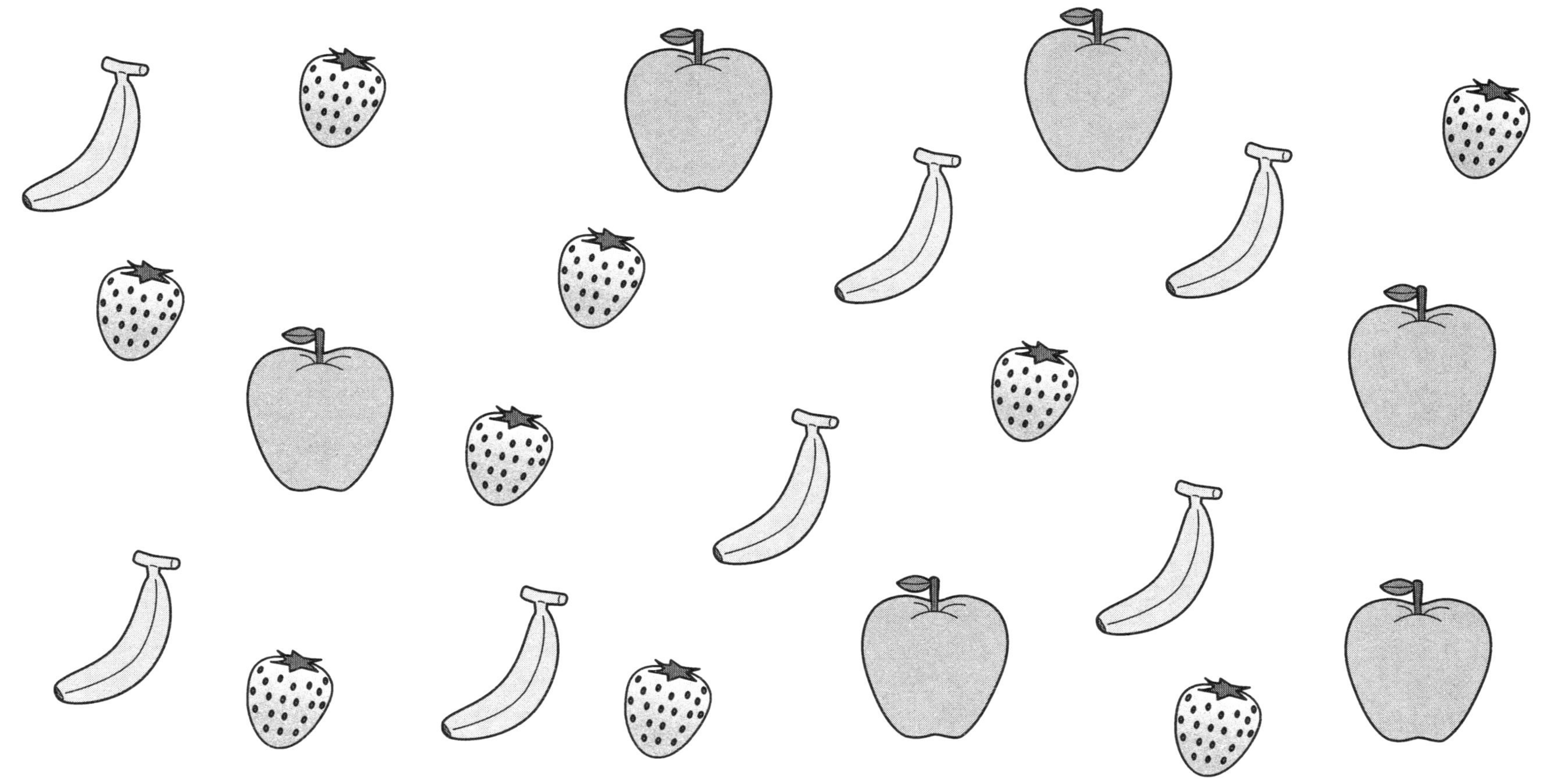

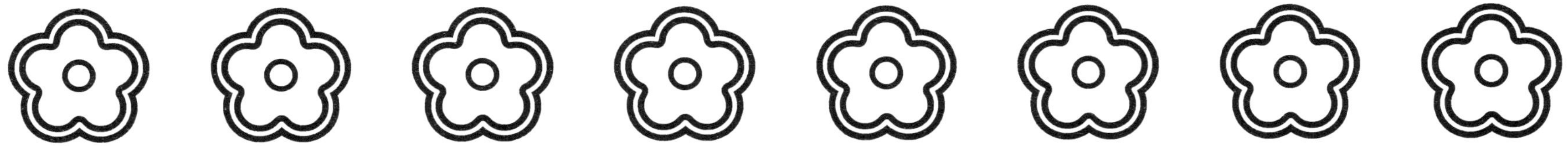

2024 年度　附属小金井小学校　過去　無断複製／転載を禁ずる　日本学習図書株式会社

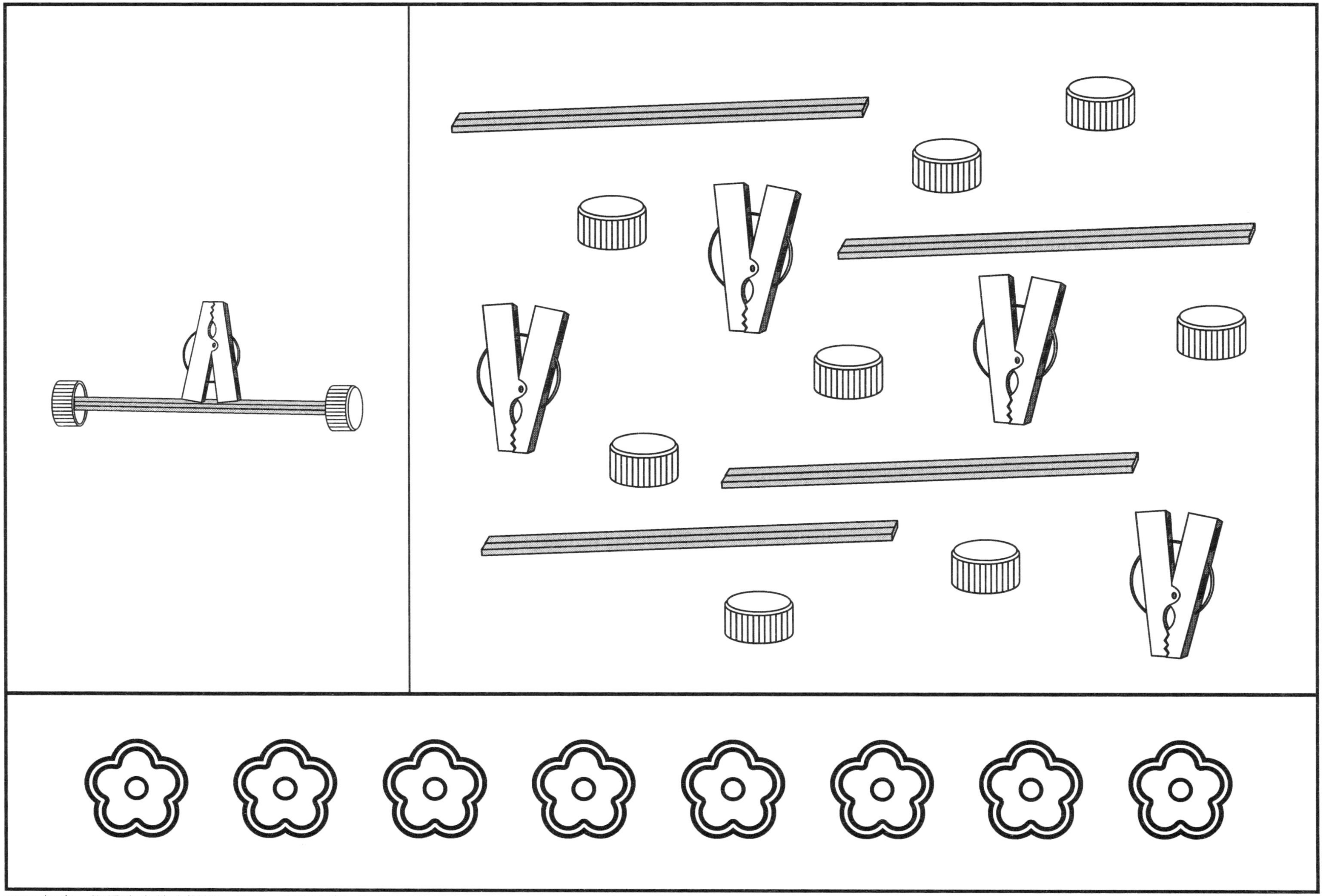

2024年度　附属小金井小学校　過去　無断複製/転載を禁ずる　日本学習図書株式会社

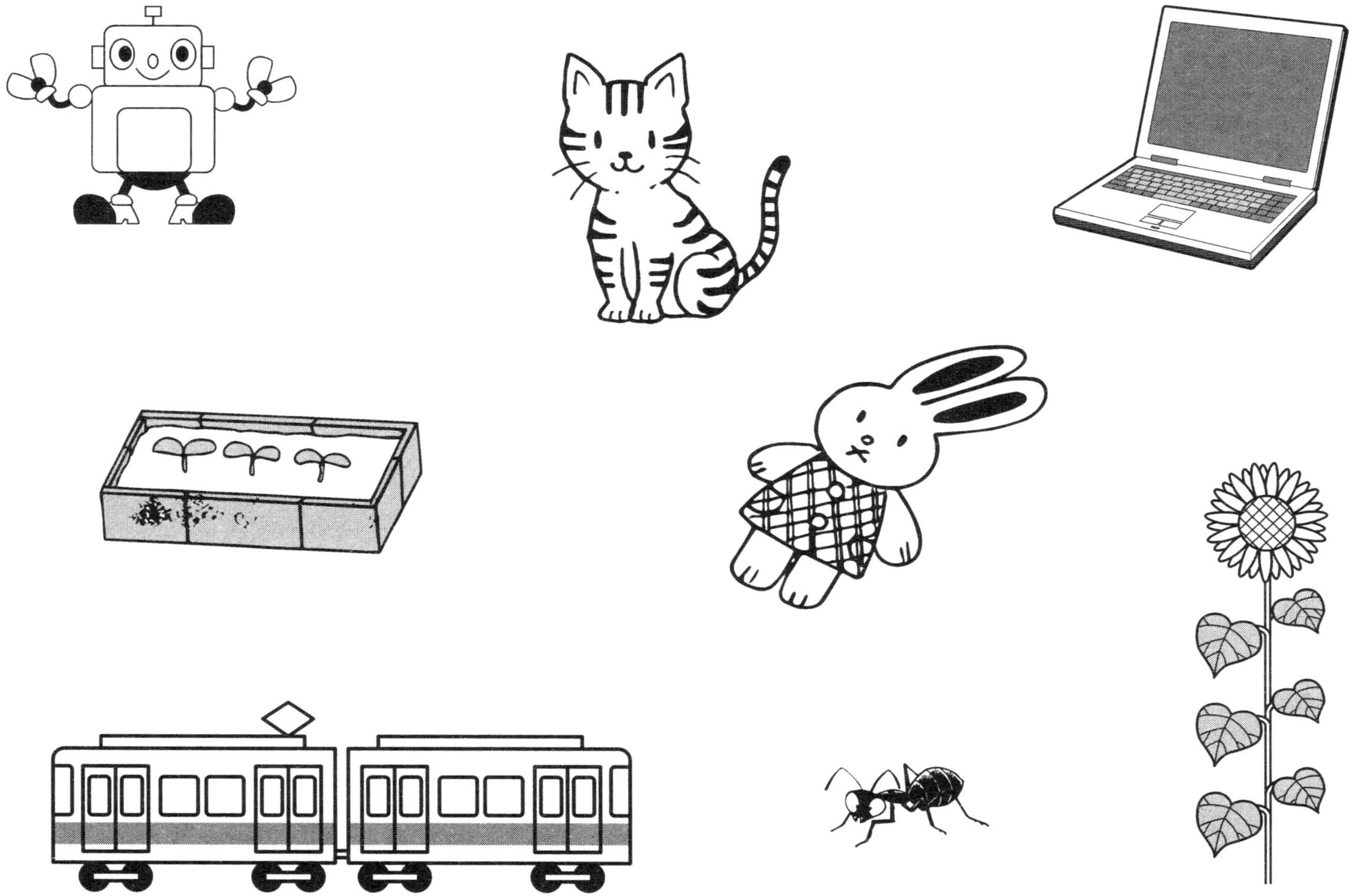

問題36

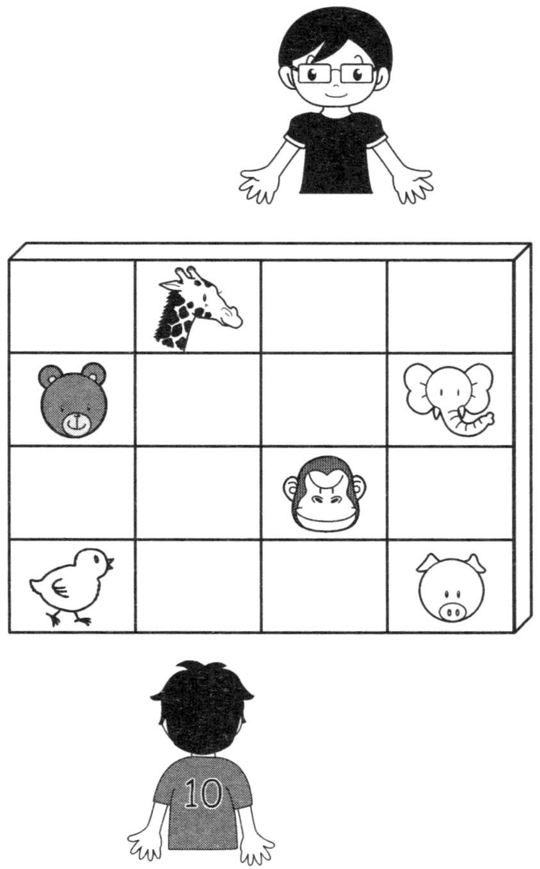

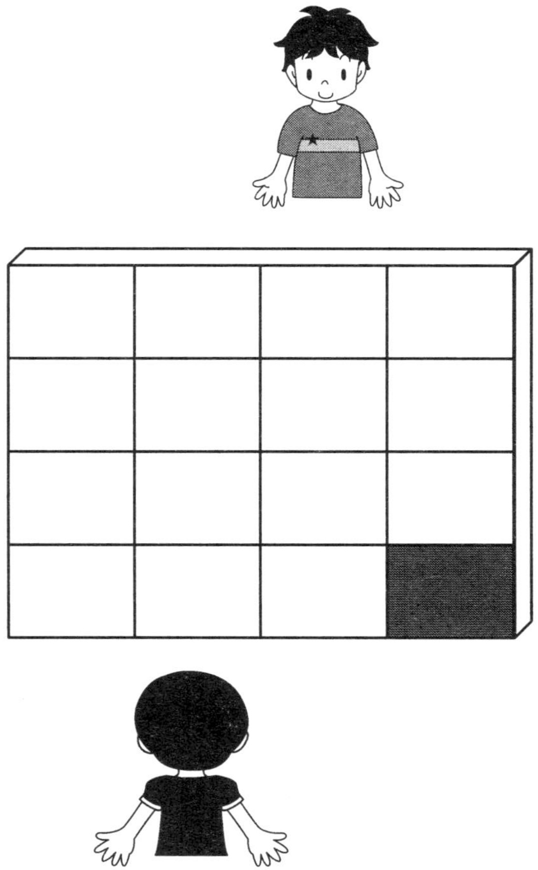

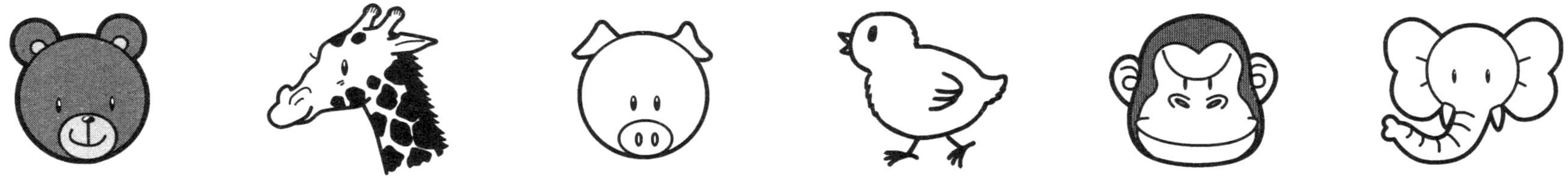

問題３７

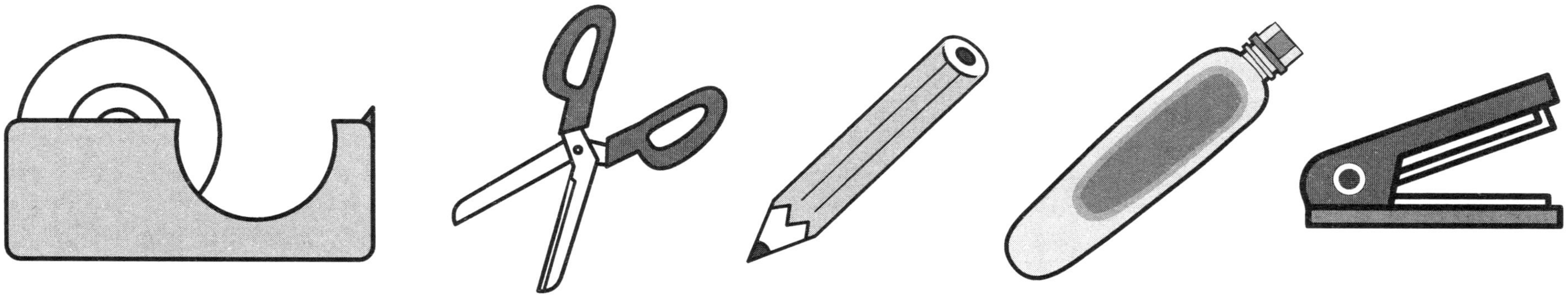

問題３８

①画用紙を丸める

②ゴムを２重にして
筒の真ん中で留める

③机の上に置く

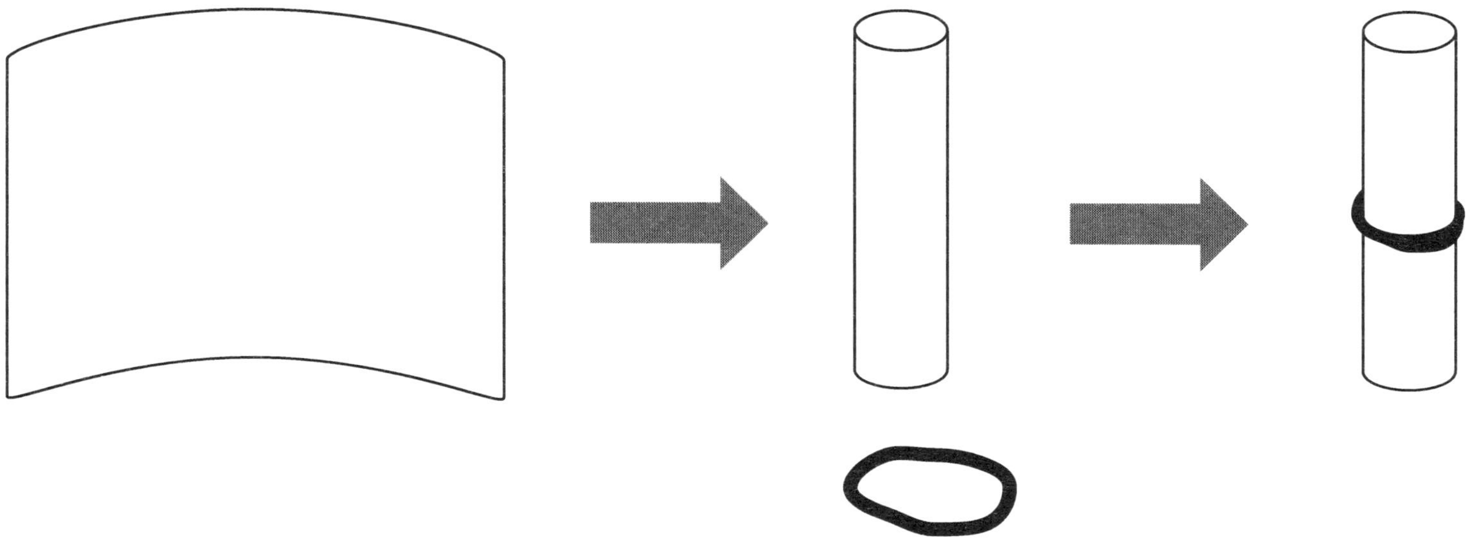

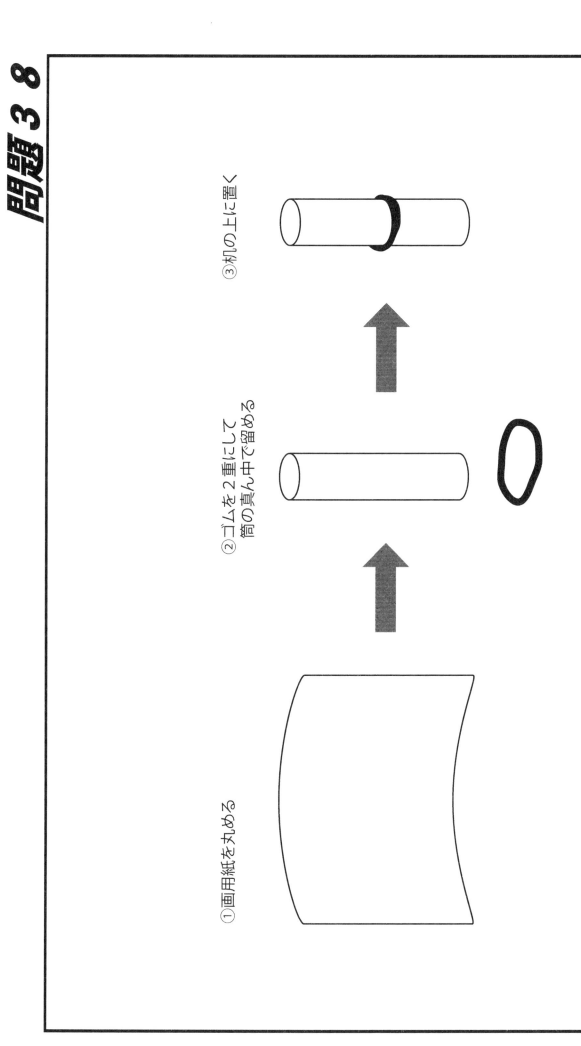

図書カード 1000 円分プレゼント

ご記入日　令和　　年　　月　　日

☆国・私立小学校受験アンケート☆

※可能な範囲でご記入下さい。選択肢は○で囲んで下さい。

〈小学校名〉＿＿＿＿＿＿＿＿＿＿＿＿＿＿　〈お子さまの性別〉男・女　〈誕生月〉＿＿月

〈その他の受験校〉（複数回答可）＿＿＿＿＿＿＿＿＿＿＿＿＿＿＿＿＿＿＿＿

〈受験日〉①：＿＿月＿＿日　〈時間〉＿＿時＿＿分 ～ ＿＿時＿＿分

②：＿＿月＿＿日　〈時間〉＿＿時＿＿分 ～ ＿＿時＿＿分

〈受験者数〉男女計＿＿名（男子＿＿名　女子＿＿名）

〈お子さまの服装〉＿＿＿＿＿＿＿＿＿＿＿＿＿＿

〈入試全体の流れ〉（記入例）準備体操→行動観察→ペーパーテスト

＿＿＿＿＿＿＿＿＿＿＿＿＿＿＿＿＿＿＿＿＿＿

Eメールによる情報提供

日本学習図書では、Eメールでも入試情報を募集しております。
下記のアドレスに、アンケートの内容をご入力の上、メールをお送り下さい。

ojuken@nichigaku.jp

●行動観察　（例）好きなおもちゃで遊ぶ・グループで協力するゲームなど

〈実施日〉＿＿月＿＿日　〈時間〉＿＿時＿＿分 ～ ＿＿時＿＿分　〈着替え〉□有　□無

〈出題方法〉□肉声　□録音　□その他（　　　　　）　〈お手本〉□有　□無

〈試験形態〉□個別　□集団（　　　人程度）

〈会場図〉

〈内容〉

□自由遊び

＿＿＿＿＿＿＿＿＿＿＿＿＿＿＿＿＿＿＿＿

□グループ活動

＿＿＿＿＿＿＿＿＿＿＿＿＿＿＿＿＿＿＿＿

□その他

＿＿＿＿＿＿＿＿＿＿＿＿＿＿＿＿＿＿＿＿

●運動テスト（有・無）　（例）跳び箱・チームでの競争など

〈実施日〉＿＿月＿＿日　〈時間〉＿＿時＿＿分 ～ ＿＿時＿＿分　〈着替え〉□有　□無

〈出題方法〉□肉声　□録音　□その他（　　　　　）　〈お手本〉□有　□無

〈試験形態〉□個別　□集団（　　　人程度）

〈会場図〉

〈内容〉

□サーキット運動

□走り　□跳び箱　□平均台　□ゴム跳び

□マット運動　□ボール運動　□なわ跳び

□クマ歩き

□グループ活動＿＿＿＿＿＿＿＿＿＿＿＿＿＿

□その他＿＿＿＿＿＿＿＿＿＿＿＿＿＿＿＿

●知能テスト・口頭試問

〈実施日〉 ＿＿月＿＿日 **〈時間〉** ＿＿時＿＿分 ～ ＿＿時＿＿分 **〈お手本〉** □有 □無

〈出題方法〉 □肉声 □録音 □その他（　　　　　） **〈問題数〉** ＿＿枚 ＿＿問

分野	方法	内　　容	詳　細・イ　ラ　ス　ト
（例） お話の記憶	☑筆記 □口頭	動物たちが待ち合わせをする話	（あらすじ） 動物たちが待ち合わせをした。最初にウサギさんが来た。次にイヌくんが、その次にネコさんが来た。最後にタヌキくんが来た。 （問題・イラスト） ３番目に来た動物は誰か 
お話の記憶	□筆記 □口頭		（あらすじ） （問題・イラスト）
図形	□筆記 □口頭		
言語	□筆記 □口頭		
常識	□筆記 □口頭		
数量	□筆記 □口頭		
推理	□筆記 □口頭		
その他	□筆記 □口頭		

●制作　(例) ぬり絵・お絵かき・工作遊びなど

〈実施日〉＿＿月＿＿日　〈時間〉＿＿時＿＿分　～　＿＿時＿＿分

〈出題方法〉　□肉声　□録音　□その他（　　　　　　）　〈お手本〉□有　□無

〈試験形態〉　□個別　□集団（　　　　人程度）

材料・道具	制作内容
□ハサミ	□切る　□貼る　□塗る　□ちぎる　□結ぶ　□描く　□その他（　　　　）
□のり（□つぼ　□液体　□スティック）	タイトル：＿＿＿＿＿＿＿＿＿＿
□セロハンテープ	
□鉛筆　□クレヨン（　色）	
□クーピーペン（　色）	
□サインペン（　色）□	
□画用紙（□ A4　□ B4　□ A3	
□その他：　　　　　）	
□折り紙　□新聞紙　□粘土	
□その他（　　　　）	

●面接

〈実施日〉＿＿月＿＿日　〈時間〉＿＿時＿＿分　～　＿＿時＿＿分　〈面接担当者〉＿＿名

〈試験形態〉□志願者のみ（　　）名　□保護者のみ　□親子同時　□親子別々

〈質問内容〉

□志望動機　□お子さまの様子

□家庭の教育方針

□志望校についての知識・理解

□その他（　　　　　　　　　　　　）

（　詳　細　）

・

・

・

・

※試験会場の様子をご記入下さい。

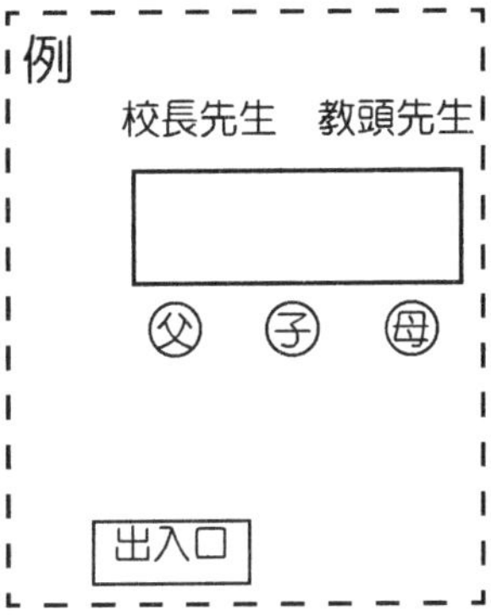

●保護者作文・アンケートの提出（有・無）

〈提出日〉　□面接直前　□出願時　□志願者考査中　□その他（　　　　　　　　）

〈下書き〉　□有　□無

〈アンケート内容〉

（記入例）当校を志望した理由はなんですか（150 字）

●**説明会（□有　□無）〈開催日〉**　　月　　日〈時間〉　時　　分　～　　時　　分

〈上履き〉　□要　□不要　〈願書配布〉　□有　□無　〈校舎見学〉　□有　□無

〈ご感想〉

●**参加された学校行事**（複数回答可）

公開授業〈開催日〉　　月　　日〈時間〉　時　　分　～　　時　　分

運動会など〈開催日〉　　月　　日〈時間〉　時　　分　～　　時　　分

学習発表会・音楽会など〈開催日〉　　月　　日〈時間〉　時　　分　～　　時　　分

〈ご感想〉

※是非参加したほうがよいと感じた行事について

●**受験を終えてのご感想、今後受験される方へのアドバイス**

※対策学習（重点的に学習しておいた方がよい分野）、当日準備しておいたほうがよい物など

＊＊＊＊＊＊＊＊＊＊＊＊＊　ご記入ありがとうございました　＊＊＊＊＊＊＊＊＊＊＊＊＊

必要事項をご記入の上、ポストにご投函ください。

なお、本アンケートの送付期限は入試終了後３ヶ月とさせていただきます。また、入試に関する情報の記入量が当社の基準に満たない場合、謝礼の送付ができないことがございます。あらかじめご了承ください。

ご住所：〒

お名前：　　　　　　　　　　メール：

ＴＥＬ：　　　　　　　　　　ＦＡＸ：

アンケートのご記入
ありがとうございました

ご記入頂いた個人に関する情報は、当社にて厳重に管理致します。弊社の個人情報取り扱いに関する詳細は、www.nichigaku.jp/policy.php の「個人情報の取り扱い」をご覧下さい。

分野別 小学入試練習帳 ジュニアウォッチャー

1．点・線図形	小学校入試で出題頻度の高い『点・線図形』の模写を、難易度の低いものから段階別に幅広く練習することができるように構成。
2．座標	図形の位置模写という作業を、難易度の低いものから段階別に練習できるように構成。
3．パズル	様々なパズルの問題を難易度の低いものから段階別に練習できるように構成。
4．同図形探し	小学校入試で出題頻度の高い、同図形選びの問題を繰り返し練習できるように構成。
5．回転・展開	図形などを回転、または展開したとき、形がどのように変化するかを学習し、理解を深められるように構成。
6．系列	数、図形などの様々な系列問題を、難易度の低いものから段階別に練習できるように構成。
7．迷路	迷路の問題を繰り返し練習できるように構成。
8．対称	対称に関する問題を４つのテーマに分類し、各テーマごとに問題を段階別に練習できるように構成。
9．合成	図形の合成に関する問題を、難易度の低いものから段階別に練習できるように構成。
10．四方からの観察	もの（立体）を様々な角度から見て、どのように見えるかを推理する問題を段階別に整理し、１つの形式で複数の問題を練習できるように構成。
11．いろいろな仲間	ものや動物、植物の共通点を見つけ、分類していく問題を中心に構成。
12．日常生活	日常生活における様々な問題を６つのテーマに分類し、各テーマごとに一つの問題形式で複数の問題を練習できるように構成。
13．時間の流れ	『時間』に着目し、様々なものごとは、時間が経過するとどのように変化するのかということを学習し、理解できるように構成。
14．数える	様々なものを『数える』ことから、数の多少の判定やかけ算、わり算の基礎までを練習できるように構成。
15．比較	比較に関する問題を５つのテーマ（数、高さ、長さ、量、重さ）に分類し、各テーマごとに問題を段階別に練習できるように構成。
16．積み木	数える対象を積み木に限定した問題集。
17．言葉の音遊び	言葉の音に関する問題を５つのテーマに分類し、各テーマごとに問題を段階別に練習できるように構成。
18．いろいろな言葉	表現力をより豊かにするいろいろな言葉として、擬態語や擬声語、同音異義語、反意語、数詞を取り上げた問題集。
19．お話の記憶	お話を聴いてその内容を記憶、理解し、設問に答える形式の問題集。
20．見る記憶・聴く記憶	「見て憶える」「聴いて憶える」という『記憶』分野に特化した問題集。
21．お話作り	いくつかの絵を元にしてお話を作る練習をして、想像力を養うことができるように構成。
22．想像画	描かれてある形や景色に好きな絵を描くことにより、想像力を養うことができるように構成。
23．切る・貼る・塗る	小学校入試で出題頻度の高い、はさみやのりなどを用いた巧緻性の問題を繰り返し練習できるように構成。
24・絵画	小学校入試で出題頻度の高い、お絵かきやぬり絵などクレヨンやクーピーペンを用いた巧緻性の問題を繰り返し練習できるように構成。
25．生活巧緻性	小学校入試で出題頻度の高い日常生活の様々な場面における巧緻性の問題集。
26．文字・数字	ひらがなの清音、濁音、拗音、拗長音、促音と１～20までの数字に焦点を絞り、練習できるように構成。
27．理科	小学校入試で出題頻度が高くなりつつある理科の問題を集めた問題集。
28．運動	出題頻度の高い運動問題を種目別に分けて構成。
29．行動観察	項目ごとに問題提起をし、「このような時はどうか、あるいはどう対処するのか」の観点から問いかける形式の問題集。
30．生活習慣	学校から家庭に提起された問題と思って、一問一問絵を見ながら話し合い、考える形式の問題集。

31．推理思考	数、量、言語、常識（含理科、一般）など、諸々のジャンルから問題を構成し、近年の小学校入試問題傾向に沿って構成。
32．ブラックボックス	箱や筒の中を通ると、どのようなお約束でどのように変化するかを推理・思考する問題集。
33．シーソー	重さの違うものをシーソーに乗せた時どちらに傾くのか、またどうすればシーソーは釣り合うのかを思考する基礎的な問題集。
34．季節	様々な行事や植物などを季節別に分類できるように知識をつける問題集。
35．重ね図形	小学校入試で頻繁に出題されている「図形を重ね合わせてできる形」についての問題を集めました。
36．同数発見	様々な物を数え「同じ数」を発見し、数の多少の判断や数の認識の基礎を学べるように構成した問題集。
37．選んで数える	数の学習の基本となる、いろいろなものの数を正しく数える学習を行う問題集。
38．たし算・ひき算１	数字を使わず、たし算とひき算の基礎を身につけるための問題集。
39．たし算・ひき算２	数字を使わず、たし算とひき算の基礎を身につけるための問題集。
40．数を分ける	数を等しく分ける問題です。等しく分けたときに余りが出るものもあります。
41．数の構成	ある数がどのような数で構成されているか学んでいきます。
42．一対多の対応	一対一の対応から、一対多の対応まで、かけ算の考え方の基礎学習を行います。
43．数のやりとり	あげたり、もらったり、数の変化をしっかりと学びます。
44．見えない数	指定された条件から数を導き出します。
45．図形分割	図形の分割に関する問題集。パズルや合成の分野にも通じる様々な問題を集めました。
46．回転図形	「回転図形」に関する問題集。やさしい問題から始め、いくつかの代表的なパターンから、段階を踏んで学習できるよう編集されています。
47．座標の移動	「マス目の指示通りに移動する問題」と「指示された数だけ移動する問題」を収録。
48．鏡図形	鏡で左右反転させた時の見え方を考えます。平面図形から立体図形、文字、絵まで。
49．しりとり	すべての学習の基礎となる「言葉」を学ぶこと、特に「語彙」を増やすことに重点をおき、さまざまなタイプの「しりとり」問題を集めました。
50．観覧車	観覧車やメリーゴーラウンドなどを舞台にした「回転系列」の問題集。「推理思考」分野の問題ですが、要素として「図形」や「数量」も含みます。
51．運筆①	鉛筆の持ち方を学び、点線なぞり、お手本を見ながらの模写で、線を引く練習をします。
52．運筆②	運筆①からさらに発展し、「欠所補完」や「迷路」などを楽しみながら、より複雑な鉛筆運びを習得することを目指します。
53．四方からの観察 積み木編	積み木を使用した「四方からの観察」に関する問題を練習できるように構成。
54．図形の構成	見本の図形がどのような部分によって形づくられているかを考えます。
55．理科②	理科的知識に関する問題を集中して練習する「常識」分野の問題集。
56．マナーとルール	道路や駅、公共の場でのマナー、安全や衛生に関する常識を学べるように構成。
57．置き換え	さまざまな具体的・抽象的事象を記号で表す「置き換え」の問題を扱います。
58．比較②	長さ・高さ・体積・数などを数学的な知識を使わず、論理的に推測する「比較」の問題を練習できるように構成。
59．欠所補完	線と線のつながり、欠けた絵に当てはまるものなどを求める「欠所補完」に取り組める問題集です。
60．言葉の音（おん）	しりとり、決まった順番の音をつなげるなど、「言葉の音」に関する問題に取り組める練習問題集です。

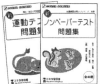

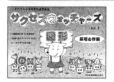

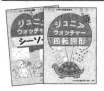

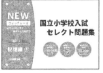

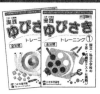

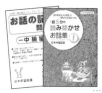

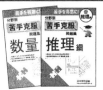

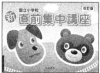

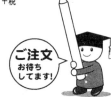

東京学芸大学附属小金井小学校　専用注文書

年　　月　　日

合格のための問題集ベスト・セレクション

＊入試頻出分野ベスト３

1st お話の記憶	2nd 常　識	3rd 口頭試問
集中力　聞く力	知　識　公　共	聞く力　話す力

ペーパーテスト・口頭試問ではマナー・常識に関する出題がされています。年齢相応のマナー・常識は身に付けておきましょう。図形、巧緻性の問題も学力の基礎があれば解ける問題です。基礎レベルなので、どのお子さまも解答してきます。１つひとつの問題を間違えないように集中していきましょう。

分野	書　名	価格(税込)	注文	分野	書　名	価格(税込)	注文
図形	Ｊｒ・ウォッチャー３「パズル」	1,650円	冊	数量	Ｊｒ・ウォッチャー42「一対多の対応」	1,650円	冊
図形	Ｊｒ・ウォッチャー４「同図形探し」	1,650円	冊	図形	Ｊｒ・ウォッチャー46「回転図形」	1,650円	冊
図形	Ｊｒ・ウォッチャー５「回転・展開」	1,650円	冊	知識	Ｊｒ・ウォッチャー55「理科②」	1,650円	冊
常識	Ｊｒ・ウォッチャー12「日常生活」	1,650円	冊	常識	Ｊｒ・ウォッチャー56「マナーとルール」	1,650円	冊
数量	Ｊｒ・ウォッチャー15「比較」	1,650円	冊	推理思考	Ｊｒ・ウォッチャー59「欠如補完」	1,650円	冊
記憶	Ｊｒ・ウォッチャー19「お話の記憶」	1,650円	冊		実践 ゆびさきトレーニング①②③	2,750円	各　冊
記憶	Ｊｒ・ウォッチャー20「見る記憶・聴く記憶」	1,650円	冊		１話５分の読み聞かせお話集①②	1,980円	各　冊
巧緻性	Ｊｒ・ウォッチャー23「切る・貼る・塗る」	1,650円	冊		お話の記憶 初級編	2,860円	冊
観察	Ｊｒ・ウォッチャー28「運動」	1,650円	冊		お話の記憶 中級編	2,200円	冊
観察	Ｊｒ・ウォッチャー29「行動観察」	1,650円	冊		新 運動テスト問題集	2,420円	冊
知識	Ｊｒ・ウォッチャー34「季節」	1,650円	冊				
数量	Ｊｒ・ウォッチャー37「選んで数える」	1,650円	冊				
数量	Ｊｒ・ウォッチャー38「たし算・ひき算１」	1,650円	冊				
数量	Ｊｒ・ウォッチャー39「たし算・ひき算２」	1,650円	冊				

合計	冊	円

（フリガナ） 氏　名	電　話 ＦＡＸ E-mail
住所　〒　　　ー	以前にご注文されたことはございますか。 有　・　無

★お近くの書店、または記載の電話・FAX・ホームページにてご注文をお受けしております。
電話：03-5261-8951　FAX：03-5261-8953　代金は書籍合計金額＋送料がかかります。
※なお、落丁・乱丁以外の理由による商品の返品・交換には応じかねます。

★ご記入頂いた個人に関する情報は、当社にて厳重に管理致します。なお、ご購入の商品発送の他に、当社発行の書籍案内、書籍に関する調査に使用させて頂く場合がございますので、予めご了承ください。

日本学習図書株式会社
http://www.nichigaku.jp

家庭学習をトータルサポート！ ニチガクのオリジナル 効果的 学習法

1 まずはアドバイスページを読む！

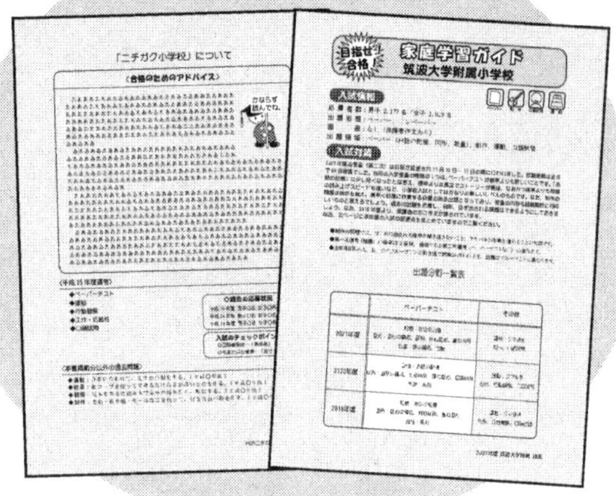

ピンク色です

過去問のこだわり

最新問題は問題ページ、イラストページ、解答・解説ページが独立しており、お子さまにすぐに取り掛かっていただける作りになっています。
ニチガクの学校別問題集ならではの、学習法を含めたアドバイスを利用して効率のよい家庭学習を進めてください。

対策や試験ポイントがぎっしりつまった「家庭学習ガイド」。分野アイコンで、試験の傾向をおさえよう！

2 問題をすべて読み、出題傾向を把握する

3 「学習のポイント」で学校側の観点や問題の解説を熟読

4 はじめて過去問題にチャレンジ！

5 プラスα 対策問題集や類題で力を付ける

各問題のジャンル

問題8 分野：図形（構成・重ね図形）

〈準備〉 鉛筆、消しゴム

〈問題〉 ①この形は、左の三角形を何枚使ってできていますか。その数だけ右の四角に○を書いてください。
②左の絵の一番下になっている形に○をつけてください。
③左には、透明な板に書かれた３枚の絵があります。この絵をそのまま３枚重ねると、どうなりますか。右から選んで○をつけてください。
④左には、透明な板に書かれた３枚の絵があります。この絵をそのまま３枚重ねると、どうなりますか。右から選んで○をつけてください。

〈時間〉 各20秒

〈解答〉 ①○４つ ②中央 ③右端 ④右端

学習のポイント

空間認識力を総合的に観ることができる問題構成といえるでしょう。これらの３問を見て、どの問題もすんなりと解くことができたでしょうか。当校の入試は、基本問題は確実に解き、難問をどれだけ正解するかで合格が近づいてきます。その観点からいうなら、この問題は全問正解したい問題に入ります。この問題も、お子さま自身に答え合わせをさせることをおすすめいたします。自分で実際に確認することでどのようになっているのか把握することが可能で、理解度が上がります。実際に操作したとき、どうなっているのか。何処がポイントになるのかなど、質問をすると、答えることが確認作業になるため、知識の習得につながります。形や条件を変え、色々な問題にチャレンジしてみましょう。

【おすすめ問題集】
Jr.ウォッチャー45「図形分割」

学習のポイント

各問題の解説や学校の観点、指導のポイントなどを教えます。
今日から保護者の方が家庭学習の先生に！

おすすめ対策問題集

分野ごとに対策問題集をご紹介。苦手分野の克服に最適です！
＊専用注文書付き。

2024年度版 東京学芸大学附属小金井小学校 過去問題集

発行日 2023年5月8日
発行所 〒162-0821 東京都新宿区津久戸町 3-11-9F
日本学習図書株式会社
電 話 03-5261-8951 ㈹

ISBN978-4-7761-5509-6

C6037 ¥2000E

9784776155096

定価 2,200 円
(本体 2,000 円 + 税 10%)

1926037020004

詳細は http://www.nichigaku.jp 日本学習図書 検索